Collection
«LE CORPS À VIVRE»
dirigée par
le Dr Jacques Donnars

Akong Toulkou Rinpoché

L'Art de dresser le tigre intérieur

Une thérapie pour mieux vivre le quotidien

Edition revue et augmentée,
traduite et adaptée
de l'anglais
par
Katia Holmes

SAND

Compilation de transcriptions de séminaires donnés par Akong Rinpoché, réalisée par Clive Holmes, Edie Irwin et Colin Betts, et publié sous le titre original «TAMING THE TIGER» par Dzalendara Publishing, Eskdalemuir, Écosse, G.B., 1987.

ISBN : 2 7107 0469-2

Ce livre est dédié
à
l'épanouissement
de
l'humilité, de la paix
et
de la sagesse
dans
le monde

Présentation

UNE SECRÈTE ÉVIDENCE

Clichés

Un sage au visage hiératique, entouré de toutes les pompes et les ors de rituels nécessairement «ésotériques», un personnage éthéré planant dans les hautes sphères de la spiritualité et prêt à léviter à tout bout de champ — comme le bon Foudre Bénie de *Tintin au Tibet* ou quelque ermite à demi sauvage doué de «pouvoirs» magiques époustouflants — comme en décrit Alexandra David-Neel —, voilà quelques-uns des clichés qui viennent facilement à l'esprit d'un Occidental qui n'a jamais rencontré de lama tibétain. Le tout sur fond de neiges éternelles, d'odeur de thé au beurre rance — le soi-disant «beurre de yak» (animal de sexe mâle!) — et les stridences d'une «musique» rituelle dont les trompettes vous crèvent les tympans et vous remuent les tripes. Il y a tout un florilège de stéréotypes d'images, de mots, et d'idées préconçues qui représentent «le lama tibétain» dans l'imaginaire occidental. Et comme les clichés ont la vie dure, ceux qui ont l'occasion de rencontrer des lamas en chair et en os s'attendent souvent à voir ou à ressentir des choses extraordinaires: on trouverait normal qu'ils vous disent de but en blanc que vous avez été Jeanne d'Arc ou Toutankhamon dans une «vie antérieure», ou qu'ils vous propulsent instantanément dans quelque état d'ineffable béatitude. Parce qu'on les considère un peu comme des distributeurs automatiques de sagesse, comme si cela pouvait vous être donné de l'extérieur, sans effort de votre part. C'est le piège du «matérialisme spirituel»[1]: on fait de la sagesse une «chose» à acquérir, au même titre qu'une voiture ou qu'un diplôme, et on s'attend à ce qu'elle vous vienne d'ailleurs — et de quelqu'un d'autre — que de vous-même.

En chair et en os

Quand on rencontre Akong Rinpoché (prononcez rimpotché, le «grand précieux» de Tintin), les clichés ne tiennent pas le coup très longtemps et on est vite amené à oublier ses fantasmes de lama éthéré, prêt à vous servir le nirvana sur un plateau. Les amateurs de folklore et d'exotisme ont de quoi être déçus: pas le moindre brocart ou son de clochette, pas le plus petit pan de robe monastique auxquels se raccrocher. Mais si on se pose des questions sur soi, sur les autres et sur le monde, sur son corps et son esprit, sur la vie et la mort, le bonheur et la souffrance, l'amour et la haine, alors on trouve à qui parler. Ce lama a manifestement la tête et le cœur au bon endroit, mais il garde aussi les pieds sur terre: on a devant soi un homme de terrain pour qui le quotidien et la spiritualité doivent aller de pair et s'alimenter mutuellement. Et c'est d'ailleurs ce principe qui inspire sa vie et son enseignement — au point que beaucoup de gens y voient sa «spécialité»: apprendre à assumer tout ce qu'il y a en soi pour pouvoir mieux faire face au quotidien. S'accepter soi-même pour arriver à accepter les

1. *Matérialisme spirituel*: on doit cette formule lumineuse et l'explication détaillée de ce concept à Chögyam Trungpa dans *Pratique de la Voie Tibétaine: Au-delà du matérialisme spirituel*, Le Seuil, Points Sagesse.

autres, et découvrir *la plus secrète des évidences*: si vous changez à l'intérieur, tout changera aussi autour de vous — même si, vu de l'extérieur, rien ne semble avoir changé. Un paradoxe qui n'est qu'apparent et que vous aurez l'occasion d'élucider au cours des pages qui vont suivre.

Évident et secret

En ce sens-là, Akong Rinpoché est un maître de l'évidence secrète: il ne fait que rappeler ce qui est parfaitement évident pour tout le monde, mais qui devient presque un secret tant chacun s'ingénie à l'oublier. On pourrait d'ailleurs le considérer lui-même comme une bonne illustration de ce qu'est une évidence secrète: évident, parce que direct et sans détour, complètement présent dans le quotidien, et aussi à l'aise quand il enseigne la méditation ou la thérapie que quand il débouche des canalisations ou qu'il demande un permis de construire. Secret aussi, parce que cet homme a derrière lui une richesse d'expérience peu commune qui explique et nourrit son aptitude à unir la terre et le ciel dans chaque instant de la vie, et à partager cette vision des choses avec d'autres. Le «Portrait d'un dresseur de tigre» qui est en annexe vous en dira plus sur son itinéraire, en particulier sur ses vingt premières années au Tibet, avant son exil forcé en Inde, en 1959, et son arrivée en Grande-Bretagne en 1963. Il y a tant de choses au-dessous de la partie émergée de l'iceberg qu'il ne faut pas s'étonner qu'on ressente parfois un certain décalage entre l'image — évidente — qu'on se fait du personnage et la réalité des rapports qu'on peut avoir avec lui. En tout cas, soyez prévenu si vous souhaitez lui demander conseil: il a une fâcheuse tendance à vous donner plutôt ce dont vous avez besoin — éventuellement à votre insu — que ce dont vous auriez envie. S'il sait avoir la chaleur d'un père, d'une mère ou d'un ami, la frivolité ou la prétention risquent de vous être renvoyées comme une image reflétée dans un cristal de roche — claire et tranchante. Mais toujours dans le but de vous amener à découvrir par vous-même la secrète évidence: si vous changez, tout change.

Changer

La thérapie n'est pas un coup de baguette magique: l'ingrédient essentiel en est le désir de changer, tout en sachant que le changement ne peut venir que de soi. Une fois qu'on a compris cela, tout est déjà différent. Extérieurement, rien n'aura changé peut-être: le petit chef qui vous rendait fou au bureau est toujours là, vos ennuis de santé, vos voisins, vos peines de cœur aussi. Et ainsi de suite pour toutes les variations sur le thème de l'insatisfaction. Mais ce qui a changé, c'est vous, c'est votre réaction à la situation: au lieu de la laisser remplir tout votre univers mental au point de vous détruire complètement, moralement et physiquement, vous avez suffisamment d'espace intérieur pour prendre vos distances par rapport à ce qui se passe et le remettre en perspective. Même si les composantes de la situation restent inchangées, cela ne vous affectera plus de la même façon puique vous ne réagirez plus par un investissement affectif total. Et puisque vous cesserez d'alimenter et de consolider la situation par des réactions impulsives, les données en seront différentes — il faut être deux pour se battre — et elle changera aussi.

L'eau du verre

Imaginez que vous soyez dans le désert, sans eau depuis quelques jours, et que quelqu'un arrive avec un verre d'eau fraîche et limpide. Vous n'allez sans doute pas ergoter sur la forme, la taille ou la couleur du verre. D'accord, ce n'est pas du baccarat, et peut-être même que le verre est franchement laid, mais ce n'est sûrement pas ce qui importe à ce moment-là. Tout ce que vous voulez, c'est vous désaltérer. Vous avez soif, terriblement soif, on vous offre une eau pure et rafraîchissante: qu'importe le verre pourvu que vous puissiez vous désaltérer.

La thérapie au quotidien que propose Akong Rinpoché est une eau pure, pas le produit frelaté de quelque marchand du temple à l'esprit de lucre. Parmi ceux qui en ont bu, certains doivent leur vie à ce simple verre d'eau. C'est parfois un sauvetage spectaculaire, comme dans les cas extrêmes (anorexie, maladies mentales ou nerveuses, déséquilibres et traumatismes de toutes sortes). Mais il s'agit le plus souvent de gens tout à fait «normaux» avec des vies professionnelles et familiales parfaitement ordinaires: il n'est pas inutile de le souligner car vous vous demandez peut-être en quoi une thérapie peut concerner quelqu'un de normalement équilibré, sans autre problème que ceux qui se posent ordinairement dans la vie quotidienne de chacun de nous et qui se ramènent à des difficultés dans nos rapports avec les autres — au travail, en famille et en amour. Pourquoi ces rapports sont-ils si délicats et compliqués, pourquoi achoppe-t-on toujours sur les mêmes points? La solution est d'une éblouissante simplicité et ceux qui avaient soif l'ont reconnu tout de suite quand ils ont trouvé le verre d'eau: c'est en soi que se trouve le déclic du changement. Ils ont découvert la secrète évidence en buvant l'eau, sans se soucier du verre.

Présentation

Le verre

On arrive généralement à faire l'unanimité sur l'essentiel — personne ne se dit opposé à la paix dans le monde — mais il est toujours plus délicat de s'entendre sur les détails car chacun a ses idées là-dessus. On peut de même s'accorder sur la pureté d'une eau : quand on a soif on la reconnaît sans qu'on vous fasse un dessin. Mais le verre est une autre question... La formulation des idées de ce livre peut paraître trop traditionnelle à certains, pas assez à d'autres, trop simpliste ou trop compliquée — et ce sera vrai pour chacun d'eux, de son propre point de vue. Mais qu'importe si cela ne les empêche pas de boire et c'est pourquoi il nous a semblé utile d'insister sur la distinction à faire entre le verre et l'eau. D'autant plus que la matière de ce livre est une compilation réalisée à partir d'enseignements oraux où il est difficile de faire passer le ton et la force que confère la présence de celui qui parle.

La première partie du livre est une introduction aux idées qui sous-tendent la démarche thérapeutique d'Akong Rinpoché. Peu importe si vous n'accrochez pas sur tous les points, l'essentiel est de comprendre dans quelle optique vous allez travailler. La deuxième partie présente une série d'exercices gradués qui constituent la pratique de la thérapeutique proprement dite. Il s'agit d'un programme de travail qui s'étale sur un an environ, et qui constitue d'ailleurs une des phases du système de thérapie qu'enseigne Akong Rinpoché.

Un dernier mot avant de vous inviter à boire : ne vous laissez pas rebuter par la forme du verre ou par la hauteur de certains idéaux un peu dérangeants pour notre petit confort personnel : cette eau-de-vie a parfois de quoi vous faire tourner la tête... Et à votre santé !

Katia Holmes
Paris, septembre 1989

Première partie

Principes de dressage

Introduction

LA GENÈSE DES HISTOIRES DE TIGRE

Après une vingtaine d'années passées en Occident à enseigner la méditation, ou simplement à donner des conseils à ceux qui me le demandaient, j'en suis venu à la conclusion que ce que les gens attendaient de moi n'était souvent pas du tout ce dont ils avaient besoin. Ils venaient me voir en disant qu'ils voulaient étudier le bouddhisme, ou la méditation. Mais, en les questionnant, ou à mesure que je les connaissais mieux, je me rendais compte qu'ils éprouvaient une certaine insatisfaction par rapport à leur vie et au monde, et qu'ils avaient souvent du mal à faire face aux difficultés du quotidien. En fait, ils cherchaient un moyen de les surmonter, ou parfois aussi un alibi pour les ignorer. Plus que de rêve, de spiritualité éthérée, de philosophie, de religion et de rituels, ils avaient besoin de **comprendre**: comprendre pourquoi leur vie ne les satisfaisait pas, comprendre pourquoi il leur était parfois si difficile de vivre avec eux-mêmes et avec les autres, dans un monde en déroute. Et pour vraiment comprendre cela, il leur fallait d'abord apprendre à se connaître, car c'est à partir de soi qu'on perçoit le monde.

Pour se connaître, il faut aller à la racine de son être, c'est-à-dire son esprit, puisqu'il est la source de toutes nos expériences. C'est à travers lui qu'on perçoit, qu'on pense, et qu'on ressent toute chose, ce qui veut dire que c'est lui qui fabrique notre propre version de la réalité. Mais c'est là quelque chose que pour l'instant la plupart d'entre nous ignorent, ou préfèrent ne pas savoir; il est plus confortable de penser que tout ce qui nous arrive de désagréable est la faute des autres, de la société ou du gouvernement, plutôt que de se demander si l'image qu'on se fait des choses n'aurait pas un certain rapport avec le regard qu'on porte sur elles. Une question que nous aurons l'occasion d'explorer en détail puisqu'elle est un des thèmes majeurs de la préparation au dressage du tigre. Le tigre est une métaphore de l'état sauvage et irrationnel dans lequel se trouve l'esprit tant qu'il n'a pas reconnu sa véritable nature. Il s'agit donc d'apprivoiser cette énergie sauvage et indomptée pour comprendre ce qui se passe en soi, et dans nos rapports avec les autres et le monde qui nous entoure. Ce n'est qu'en dressant le tigre, c'est-à-dire en apprenant à maîtriser son esprit pour en reconnaître la perfection originelle, qu'on pourra vraiment vivre en paix avec soi et avec le monde.

Il est donc essentiel de connaître l'esprit, tel qu'il apparaît dans son fonctionnement ordinaire, mais aussi tel qu'il est, de par sa véritable nature. Cette connaissance se trouve au cœur même du bouddhisme qui propose une infinité de moyens et de techniques pour l'acquérir. Il existe toutes sortes de méthodes, appropriées aux besoins de chacun, selon ses aspirations personnelles, son niveau de maturité, ses problèmes et ses obligations particulières. Mais je voudrais insister sur un point important : ces outils font partie du patrimoine humain, au même titre que l'invention de la roue ou la découverte des lois de la gravitation, ils ne sont pas spécifiquement « bouddhiques » ou réservés à des « bouddhistes ». *Bouddha* signifie en effet « éveillé » — éveillé du sommeil de l'ignorance de la véritable nature de l'esprit. Et dans ce sens-là, un bouddhiste est quelqu'un qui essaie de suivre la même voie pour arriver aussi à cette reconnaissance de soi. Si on conçoit le « bouddhisme » uniquement comme une religion organisée, on se cantonne à la forme et à l'exotisme et on accentue les facteurs de division ; alors qu'en parlant d'une voie menant à l'éveil de l'esprit, on met l'accent sur le spirituel et on renforce les facteurs d'unité. C'est en tout cas dans ce sens-là que j'emploierai les mots Bouddha et bouddhisme dans ce livre. Les outils hérités du bouddhisme forment simplement un système de connaissance avancée de l'esprit humain et de ses mécanismes, dont n'importe qui peut disposer et se servir — sans qu'on ait besoin de l'étiquette de «bouddhiste» ou autre — pour apprendre à se connaître, afin de mieux vivre avec soi et avec les autres. C'est d'ailleurs quelque chose qui me tient très particulièrement à cœur, personnellement : je pense que la spiritualité ne doit pas rester dans les chapelles de telle ou telle religion, mais qu'elle a une contribution vivante à apporter à la société contemporaine, en fournissant à ceux qui le souhaitent le moyen de vivre des vies plus heureuses et plus épanouissantes, parce que moins exclusivement égoïstes et matérialistes, et le moyen d'aider les autres à en faire autant. C'est dans cet esprit-là que *L'Art de dresser le tigre intérieur* a été conçu, afin que ceux qui s'en serviront se sentent parfaitement libres de toute allégeance à un système ou à un dogme donnés.

J'ai donc été amené à proposer à ceux qui venaient me voir des exercices basés sur mon acquis de «bouddhiste» — au sens que j'ai défini plus haut — et de thérapeute, ainsi que sur mon expérience de l'enseignement de la méditation, mais aussi sur mon appréciation des besoins et des difficultés particulières à des Occidentaux vivant dans la société contemporaine. La plupart des gens ont des vies déjà suffissament remplies, compliquées et stressantes ; je leur ai donc proposé des exercices simples et concrets, à base de relaxation, compatibles avec leur vie professionnelle et familiale.

Cela s'est fait sur une base individuelle, pendant un bon nombre d'années, et puis, comme de plus en plus de gens semblaient tirer profit de cette démarche et que beaucoup d'autres voulaient également s'y mettre, j'ai été amené à systématiser un peu les exercices en un programme de «thérapie» dont ceux qui sont présentés ici dans *L'Art de dresser le tigre intérieur* constituent une des parties. «Thérapie» veut dire «soin, traitement, moyen de promouvoir une guérison» ; il faut l'entendre ici à la fois dans le sens préventif et curatif. Il s'agit de se guérir de son aliénation de soi-même, de cette non-connaissance de soi qui est à la racine de tous nos autres problèmes, comme nous aurons l'occasion de le préciser tout au long de ce livre. Guérir, mais aussi prévenir, en puisant dans la connaissance de l'esprit la force et les moyens de faire face à tout ce qui est susceptible de nous arriver par la suite.

Les exercices que je propose ici ont pour but d'amener ceux qui les pratiquent à un certain degré d'éveil spirituel en apprenant à maîtriser leur esprit pour le débarrasser des distorsions émotionnelles qui l'empêchent habituellement de percevoir le monde et les autres tels qu'ils sont. Une fois que l'esprit a reconnu sa propre nature de perfection, sa perception du monde reflétant ce qu'il perçoit de lui-même, c'est comme si tout était transfiguré, autour de soi, même si, extérieurement, rien ne semble avoir changé. Le message est clair, et il est capital: c'est en soi qu'il faut que ça bouge, plutôt que d'essayer de faire changer les autres et le monde qui nous entoure. Si on change à l'intérieur de soi, l'extérieur en est automatiquement transformé — transfiguré. On ouvre les yeux à sa propre beauté intérieure et à celle du monde, telle qu'on la découvre enfin dans sa perfection intrinsèque.

La systématisation des exercices s'est faite progressivement, en collaboration avec Edie Irwin, une thérapeute américaine également formée à différentes techniques de massage qu'elle pratique à Édimbourg. Depuis 1984, elle a animé sous ma direction des groupes de personnes voulant pratiquer ce système de thérapie, en Grande-Bretagne et en Irlande, en Suisse, en Belgique, en Espagne, en Italie, en Afrique du Sud et aux États-Unis. Elle consacre à présent l'essentiel de son temps à la mise en œuvre de ce programme de thérapie. C'est de cette expérience pratique, acquise sur plusieurs années, qu'est né le programme d'exercices en plusieurs étapes, dont «l'Art de dresser le tigre intérieur» est la deuxième (la première s'intitule «Retour au commencement»). Le livre lui-même répond au souhait exprimé par de nombreux groupes et individus de pouvoir disposer d'un manuel pratique pour les guider entre les séminaires de démarrage et de suivi du travail.

Je préfère parler de «thérapie» plutôt que de méditation,

même si les techniques employées sont parfois les mêmes, parce que cela permet d'éviter un certain nombre d'idées fausses et de fantasmes. Je m'efforce toujours de faire comprendre à ceux qui me demandent conseil que la spiritualité n'est pas un moyen de fuir la réalité, mais au contraire d'apprendre à y faire face, d'apprendre à ne plus rien esquiver en soi, ou en dehors de soi ; en devenant plus équilibré et moins égocentrique, on contribue directement au bien-être des autres, et je souhaite que *l'Art de dresser le tigre intérieur* puisse apporter sa modeste contribution dans ce sens.

Akong Rinpoché
Samyé-Ling, Août 1989

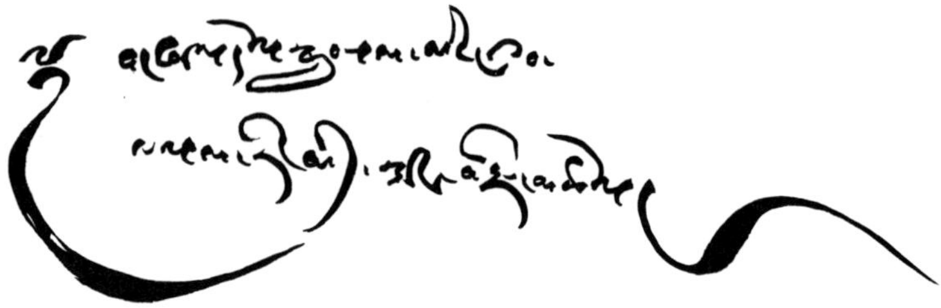

Chapitre I

L'ART DE DRESSER LE TIGRE INTÉRIEUR

La maîtrise de l'esprit favorise le bonheur.
Bouddha Gautama

L'esprit est la clé de toutes nos expériences, car c'est lui qui détermine notre vision du monde, bien qu'on ne s'en rende généralement pas compte. L'ignorance de ce mécanisme nous donne une perception assez confuse des choses, du fait que notre subjectivité a tendance à en déformer considérablement la réalité, un peu comme ce qui se passe, à un autre niveau, pour les gens souffrant de troubles de la vision, ou les paranoïaques qui se croient constamment agressés par tout le monde. L'esprit, tel qu'il se manifeste actuellement chez la plupart d'entre nous, ressemble à un tigre sauvage échappé de la jungle qui sèmerait la panique et la destruction dans les villages alentour. Nous sommes complètement dominés par ce mental en folie qui nous entraîne dans tous les sens, au gré de ses désirs et de ses répulsions, écrasant au passage tout ce qui pourrait le gêner, aussi inconscient de ses propres pulsions que de la réalité qui l'entoure. Il mène la danse à sa guise et nous payons les pots cassés, sans comprendre ce qui se passe : c'est là qu'il faut chercher la raison de nos peines et frustrations.

Pour retrouver sa liberté captive, il faut capturer ce tigre sauvage et le dresser : que ce soit lui qui nous serve, et non le contraire. Ce n'est pas si facile, pour la bonne raison qu'il faut d'abord le repérer, et on est généralement si aveugle qu'on ne se rend même pas compte que le tigre nous mène par le bout du nez. Il faut déjà se savoir malade avant de décider d'aller se faire soigner. Or, on n'a pas la moindre idée de l'état de confusion dans lequel on se trouve. Quand les choses vont mal, on met cela sur le dos des autres ou des circonstances, mais on ne pense jamais à balayer devant sa propre porte — à regarder en soi. Alors que, si l'on veut se libérer de l'emprise de ce mental sauvage dont les frasques nous empoisonnent la vie, il faut commencer par le regarder en face. Ce sera difficile et pénible au début, mais nous sommes bien obligés d'en passer par là. Il faut se lancer, même si on ne se sent pas initialement de taille à affronter ce qu'il y a en soi, car c'est en le faisant qu'on trouvera la force de continuer.

L'Art de dresser le tigre intérieur vise à aider ceux qui le souhaitent à trouver la maîtrise de cet esprit rebelle dont les caprices causent tant de dégâts dans nos vies. Ce n'est donc pas un livre réservé aux bouddhistes et aux Orientaux, sous prétexte que j'en serais un moi-même. Les problèmes et les peines de la vie sont fondamentalement les mêmes pour tous, indépendamment de la couleur de leur peau, de leurs origines ou de leurs croyances, car le simple fait d'exister nous expose automatiquement à la souffrance. La nature humaine est universelle: la bonté ou la cruauté, par exemple, suscitent immanquablement les mêmes réactions dans n'importe quelle société humaine, car les sentiments sont les mêmes, quelle que soit l'expression que leur donne chaque culture. L'esprit n'est pas occidental, oriental, jaune, noir ou blanc, il est humain: chacun d'entre nous veut être heureux et éviter de souffrir.

La vie d'un être humain suit le plus souvent la logique du désir: je veux, j'ai envie, je ne veux pas, je déteste. Que nos désirs soient contrariés ou insatisfaits, et on se sent frustré et malheureux; mais, même quand on a pu obtenir ce qu'on voulait, notre bonheur est de courte durée, car on désire déjà autre chose. Le désir est insatiable, illimité: dès qu'on le satisfait, il prend une autre forme et se porte sur un autre objet. Et pourtant, on ne renonce jamais à l'idée de le satisfaire un jour: l'enfant court après l'arc-en-ciel pour en attraper les jolies couleurs, mais plus il s'en rapproche, plus celui-ci semble s'éloigner et lui échapper.

Le désir est le moteur de nos vies, toujours changeant et constamment renouvelé. Quand on est petit, on veut tel jouet; puis quand on en a assez, il en faut un autre, puis un autre, pour passer encore à autre chose. Plus tard, ce sont d'autres jouets qu'on collectionne, qu'on prend et qu'on rejette au gré de ses caprices: les amis, les diplômes, les voyages, les vêtements, les voitures, la musique, la télévision, les vins, les bons petits plats, les régimes... Cela n'a pas de fin.

Le désir est souvent contradictoire: à peine a-t-on obtenu ce qu'on voulait qu'on souhaiterait ne pas l'avoir. Quand on a faim, par exemple, on veut à tout prix combler le creux qu'on a dans l'estomac, mais une fois qu'on a mangé — souvent trop —, on donnerait tout pour se sentir le ventre vide. C'est parce qu'il y a toujours une nouvelle envie qui vient immédiatement se substituer à l'ancienne: une fois satisfaite l'envie de se sentir rassasié, elle est aussitôt remplacée par celle de se sentir léger. Le désir est aussi un caméléon très malin: on peut vouloir rester beau, jeune et désirable toute sa vie, mais on peut aussi bien se laisser tomber malade pour attirer sur soi l'attention et les soins des autres; et si on a effectivement réussi à se rendre malade, on ne pensera plus qu'à un rétablissement miracle. Et ainsi de suite... Attention, un désir en cache toujours un autre, comme les poupées russes. Rien n'échappe d'ailleurs à cet insatiable appétit: jusqu'à la soif de spiritualité qui peut être une des formes les plus subtiles que revêt le désir, en nous poussant à collectionner — sans les pratiquer — des enseignements qui sont justement censés démystifier cette quête illusoire d'un bonheur introuvable...

Introuvable, parce qu'en fait, il y a maldonne. L'idée qu'on se fait du bonheur repose sur une gigantesque équivoque: on s'attend à le trouver en dehors de soi, sans se rendre compte que c'est en soi que cela commence. On peut satisfaire à ses envies à l'infini, sans être soi-même jamais satisfait, car la satisfaction ne vient pas de l'extérieur, mais de l'intérieur. C'est une question d'attitude : le désir est infini, et ce n'est pas en se laissant mener indéfiniment par lui qu'on trouvera le bonheur. Pour cela, il est nécessaire d'apprendre à identifier la présence du désir en soi et à l'accepter — le refoulement n'étant pas une solution — sans pour autant se livrer à lui corps et âme.

Si le désir est infini, c'est parce que sa source l'est aussi : il est issu de l'esprit qui échappe lui-même à toute limite, à toute définition spatiale ou temporelle. Le désir n'est qu'un épiphénomène, une manifestation de l'esprit ; si l'on veut se libérer de son emprise, il faut donc remonter à la source, car ce n'est pas en soignant les symptômes d'une maladie qu'on en guérit la cause. Sachons identifier correctement le tigre qui sème la panique dans notre vie : ce n'est pas le désir en soi, mais l'esprit qui le génère continuellement. Rien ne sert d'essayer de refouler systématiquement tous ses désirs ; on fera peut-être même l'erreur de s'en croire libéré, jusqu'au jour où toutes ces envies réprimées vous sauteront à la figure avec encore plus de violence. On aura beau couper les mauvaises herbes dans son jardin, elles continueront à repousser tant qu'on n'en aura pas arraché la racine. C'est pourquoi il n'y a qu'un seul moyen de sortir de l'état d'insatisfaction permanente dans lequel nous laisse le désir : dompter ce tigre qu'est l'esprit tant qu'il ignore sa véritable nature.

Il serait faux de dire que nous n'avons aucune maîtrise de l'esprit, car nous possédons tous l'acquis d'un long apprentissage. Il y a en effet un monde d'expérience entre le bébé vagissant qui agit de manière purement instinctive, et l'adulte que nous sommes devenu : on a assimilé tout ce qui était indispensable à la survie humaine, puis à la vie en société. En mûrissant, on a appris à se connaître un peu et à mieux gérer ses rapports avec son entourage. Dans un certain sens, on a déjà un petit peu commencé à dresser le tigre, mais très superficiellement, puisqu'on ne l'a pas encore vu face à face. Sa nature sauvage reste indomptée ; cependant, c'est comme si on avait pu lui faire accepter, de loin, un accord tacite et limité, comme par exemple de ne pas manger les gens qui se trouveraient dans notre jardin: une sorte de convention ponctuelle qui ne remet pas en question la souveraineté du tigre.

On ne peut pas espérer dresser un tigre sans reconnaître le côté sauvage de sa nature et sans en tenir compte; ce serait aussi dangereux qu'inefficace. La même chose est vraie pour nous: il est indispensable de se voir et de s'accepter tel qu'on est. Cela ne sert à rien d'accuser le monde entier d'être la cause de nos problèmes: il arrive un moment où l'on doit se regarder en face et s'assumer tel qu'on est, en bloc, sans faire de tri pour prendre ce qui correspond à l'image qu'on aime se faire de soi, en occultant le reste. On ne peut pas jeter tout ce qui nous déplaît dans un sac-poubelle et le cacher dans un coin: le sac finirait par être si plein qu'il exploserait. Le refoulement systématique n'est jamais une solution, bien au contraire: il peut même être une cause de maladie mentale. Il faut jouer franc-jeu avec soi: on met toutes ses cartes sur la table — le bon et le moins bon, le meilleur et l'exécrable. D'accord, ce ne sont sûrement pas les cartes idéales, celles qu'on auraient choisies pour avoir un bon jeu; mais ce sont celles qu'on a actuellement en main, et c'est avec cela qu'il faut jouer sa partie, du mieux qu'on pourra. De toute façon, personne ne le fera à votre place, et c'est vous qui devrez vivre avec ce jeu-là en main.

On commence à mûrir quand on cesse de fantasmer et de courir après des chimères, de prendre ses désirs pour des réalités — au sens tout à fait littéral du terme. On fait un simple constat: «Voilà ce que je suis; ça ne me plaît pas particulièrement, mais c'est tout ce que j'ai. Autant me débrouiller pour tirer le meilleur parti possible de ce jeu bancal.» Si on peut s'accepter tel qu'on est, on sera capable d'accepter tout le reste — les autres, le monde, la vie. De toute façon, rien n'est jamais idéal: chaque âge, chaque situation a sa part de difficultés. L'enfance est souvent marquée par des problèmes de scolarité et de rapports avec les parents. L'adolescence, créative et rebelle, se sent incomprise de tous et découvre les affres de l'amour blessé. L'âge adulte connaît les problèmes et le stress de la vie professionnelle, le poids des responsabilités familiales et sociales, les déchirements de l'amour déçu. Puis, avec le retrait de la vie active, on voit se profiler le spectre de la vieillesse et de la mort; c'est l'heure des bilans, des regrets, des désillusions, parfois aussi de la maladie et de la solitude. Or, ce n'est pas en se révoltant contre notre situation que les choses iront mieux: la source du bonheur et de la souffrance ne se situe pas ailleurs qu'en soi, on l'a vu. En acceptant sa situation telle qu'elle est, on embraye sur la réalité des choses, au lieu de s'embourber dans des idées préconçues. La plupart du temps, on ne peut rien changer aux circonstances, car elles sont indépendantes de notre volonté. Ce qu'on peut changer, en revanche, c'est notre façon d'y réagir.

Qu'on ne s'y méprenne pas, nous ne sommes pas en train de faire l'apologie de la passivité ! Il y a un équilibe à trouver entre l'inaction systématique et l'activisme forcené: il serait stupide de ne pas améliorer ce qui peut l'être, mais tout aussi vain de passer son temps à courir après des conditions de vie «idéales» qui, de toute façon, n'existent nulle par ailleurs que dans notre tête: le mot «idéal» ne vient-il pas d'«idée»? Ayant pris acte de la condition humaine et des limitations qu'elle impose, on les accepte. Ensuite, on fait face au quotidien du mieux que l'on peut, sans attendre du monde qu'il se conforme à nos désirs ou à nos espérances. Ayant repéré le tigre et pris en compte sa nature sauvage, on va apprendre à le dresser.

Qu'on compare l'esprit immature à un tigre, ou à un cheval sauvage, comme le faisait Gurdjieff, les règles du dressage restent les mêmes: l'entraîneur doit trouver un juste milieu entre un excès de contrainte et d'autorité, et trop de liberté, comme nous le verrons en détail en parlant du développement de l'attention. Mais il faut aussi l'aimer, lui témoigner de la sympathie, sinon il ne se laissera pas dresser. Bien sûr, on sait que le tigre est responsable de nos problèmes, autrement on n'aurait pas besoin de le mettre au pas en le dressant. Mais ce n'est pas avec la hargne et le ressentiment qu'on va le dresser; il faut faire preuve de compréhension, l'accepter pour ce qu'il est, avec ses qualités et ses défauts, et le potentiel qu'on sent en lui. Ainsi, nous savons que c'est notre esprit qui est la source du désir, la cause de notre insatisfaction fondamentale et de nos souffrances. Ce qui ne veut pas dire qu'on doive culpabiliser et s'autopunir, mais simplement acquérir suffisamment de maîtrise de l'esprit pour ne plus engendrer nos propres souffrances, sans parler de celles des autres. Il faut se montrer compréhensif envers soi-même. Ce genre d'amour-acceptation relève de la compassion, un des moteurs essentiels de la démarche spirituelle, on le verra, et c'est d'abord à soi qu'il faut l'appliquer: charité bien ordonnée commence par soi-même... Puis, grâce à l'expérience acquise en dressant son propre tigre, on comprendra la nécessité de faire preuve de la même compassion et de la même compréhension envers les autres.

Le dressage du tigre intérieur est un travail de longue haleine dans lequel on ne s'engage pas à la légère. Il ne s'agit pas d'acquérir une technique exotique, comme un bel objet qu'on mettra en vitrine, au milieu de ses autres trophées et collections. Au contraire, on accepte d'arrêter de collectionner, de jouer et de biaiser pour regarder le tigre dans les yeux. Pour se regarder. On peut être parfaitement cultivé et bardé de diplômes, et avoir un magnifique pedigree professionnel, cela n'empêche pas de se trouver parfois totalement démuni et incapable de faire face aux problèmes de sa vie personnelle, car le savoir et les qualifications ordinaires ne sont pas d'une grande utilité en matière de dressage du tigre intérieur. C'est tout un art, qui exige beaucoup de patience et de persévérance pour repérer le tigre, de courage et de doigté pour l'affronter de face, de lucidité pour bien le voir et apprendre à le connaître. Il faudra faire alterner la manière douce et la manière forte, selon les moments, mais toujours avec suffisamment de respect et d'amour pour que se forment des liens d'amitié mutuelle et que le tigre accepte son dresseur et ce qu'il veut lui faire faire. Un jour viendra où il finira par être si bien apprivoisé qu'on se demandera comment on avait pu en avoir tellement peur...

Chapitre II

LA VALEUR DE LA VIE: *LA «PRÉCIEUSE EXISTENCE HUMAINE»*

Aussi rare qu'une étoile en plein jour,
Telle est la précieuse existence humaine.

Gampopa
(*L'Ornement de la Libération*)

La qualité de la vie est une des grandes préoccupations des sociétés contemporaines les plus riches, celles où existe le privilège d'avoir le ventre suffisamment plein pour se demander comment le remplir plus agréablement. Quant à savoir ce que cela veut dire exactement, c'est une autre affaire, car chacun l'interprète à sa façon. On en retire cependant l'impression générale d'une volonté de mieux vivre, de mieux profiter des possibilités qu'offre la vie. Dans ce sens-là, la notion de «qualité de la vie» qui nous est familière peut nous aider à nous rapprocher de celle de la «précieuse existence humaine», un concept bouddhique dont nous n'avons pas l'habitude. Mais l'analogie ne va pas très loin: les valeurs qu'on poursuit en parlant de qualité de vie ne sont pas les mêmes que celles qui sous-tendent l'idée d'une existence humaine qui ait du prix.

Quand on s'intéresse à la qualité de la vie, on reconnaît implicitement la valeur de certaines choses: en schématisant grossièrement, on aimerait être — et rester — toujours jeune, beau, intelligent, en bonne santé, en forme, riche, aimé et heureux, dans un environnement agréable, paisible et sain. On a donc une certaine idée de ce qui est précieux, à ceci près, malheureusement, qu'on prend de la bimbeloterie pour du diamant. La plupart des choses auxquelles nous attribuons du prix sont terriblement éphémères et fragiles, si bien qu'on investit énormément d'énergie à la poursuite de quelque chose d'aussi insaisissable qu'un arc-en-ciel. Notre idée de qualité de la vie devient une source de frustration permanente quand on se rend compte qu'on ne peut pas la réaliser de façon durable. Néanmoins, on passe toute sa vie à essayer d'y arriver.

C'est évidemment une manière d'envisager l'existence, mais elle limite considérablement notre potentiel. En gros, si tous les efforts d'une vie ne servent qu'à survivre aussi agréablement que possible, on n'aura pas fait tellement mieux qu'un insecte ou un animal. C'est un peu une existence au rabais, par rapport à toutes les possibilités qu'offre une vie d'homme ou de femme. Un être humain est capable de tirer un bien meilleur parti de son existence, tant en termes de développement personnel que de contribution à celui de l'humanité. Ce n'est pas une hypothétique qualité de la vie qui donne son prix à l'existence humaine, c'est le formidable potentiel dont elle est porteuse. Chacun d'entre nous est riche de talents et de qualités et c'est en les développant au mieux de ses possibilités qu'il trouvera son bonheur et contribuera le mieux à celui des autres. Qu'un seul être s'accomplisse, et les bienfaits en rejaillissent sur tous les autres. En outre, plus il sera désintéressé et altruiste dans sa démarche, et plus il y aura de gens qui bénéficieront des fruits de son effort. Ce n'est pas un hasard si la vie et les enseignements du Bouddha, du Christ ou du Prophète Mahomet ont inspiré, guidé et aidé tant de gens au cours des âges. En dehors de la sphère du spirituel, des hommes de science comme Pasteur ou Edison ont également apporté une contribution de grande valeur à l'humanité. Si tout le monde n'est pas forcément appelé à un tel destin, chacun peut cependant s'efforcer de développer au mieux son potentiel, pour se réaliser selon sa nature. Ce serait déjà beau d'arriver à une maîtrise de l'esprit suffisante pour ne plus être la cause de ses propres souffrances et de celles des autres. Et une fois qu'on a appris à régler ses propres problèmes, on peut réellement aider les autres à se sortir des leurs.

C'est en dressant le tigre intérieur qu'on peut faire de son existence humaine quelque chose de réellement précieux. Libre à nous, bien sûr, de ne pas utiliser ce potentiel, et de s'entêter à courir après l'arc-en-ciel; on ressemblerait un peu à un mendiant famélique qui tendrait la main, assis sur un tas d'or. En revanche, on a tout à gagner à maîtriser l'esprit: on y trouvera une qualité de paix intérieure qui transformera heureusement notre vie et nos rapports avec les autres. Normalement, si quelqu'un se met en colère contre nous, on aura tendance à faire la même chose. Mais quand on s'est lancé dans le dressage du tigre, on ne le laissera plus sauter immédiatement à la gorge de l'autre, même si c'est lui qui nous a agressé. On aura la patience de ne pas réagir impulsivement et de tenir compte de l'état dans lequel se trouve cet autre qui se sent si mal qu'il est incapable de se dominer. Quand on s'en sera rendu compte, on pourra même éprouver une certaine compassion à l'égard de quelqu'un qui est visiblement encore très enferré dans ses problèmes, et donc plus mal loti que nous, qui commençons — tout doucement — à y voir clair.

Si toute vie humaine a de la valeur, plus on sait la mettre à profit, et plus elle prendra de valeur. Il est déjà bien de pouvoir s'assumer seul, sans être un fardeau pour les autres. Mais l'existence peut prendre une tout autre dimension quand on décide qu'au lieu de se borner à tirer soi-même son épingle du jeu, on va essayer d'aider les autres à s'en sortir aussi. Une vie comme celle-là est vraiment précieuse car elle sert à des quantités de gens, et non à une seule personne. Et plus on se sert de sa vie, et plus elle s'enrichit et prend de la valeur. C'est un peu comme la batterie d'une voiture qui est d'autant plus chargée qu'on roule beaucoup, alors qu'elle aura vite fait d'être à plat, et donc inutile, si la voiture reste tout le temps au garage. On n'a rien à perdre à tirer le maximum de sa vie, on y puisera au contraire de plus en plus de force.

On se posera peut-être la question de savoir si, à se vouloir aussi altruiste, on ne se voue pas à tirer un trait sur son propre bien-être. Soyons clair là-dessus: avoir un idéal altruiste ne veut pas dire négliger de s'occuper de soi. Ce n'est pas sous prétexte d'aider les autres qu'il faut cesser de se nourrir ou de s'habiller correctement, et négliger son apparence ou sa santé; on ne ferait qu'alarmer ses proches et leur causer du souci — une drôle de façon de les aider... Il n'est pas nécessaire de se sacrifier et de se mortifier pour faire du bien aux autres. Une fois qu'on est capable de s'assumer correctement, on peut mettre ses forces, ses talents et ses ressources à leur service, pour les aider de son mieux, sans favoritisme, ni exclusion. On n'arrivera sans doute pas à ressentir d'emblée un tel sentiment de compassion universelle, mais on peut essayer d'y tendre. Dans la pire des hypothèses, cela nous servira au moins de garde-fou à la tentation de l'égocentrisme.

Pour faire de sa vie une existence «précieuse», on n'a donc pas besoin de devenir un martyr; il suffit de savoir s'intéresser aussi à autre chose que sa petite personne. On peut profiter de la vie; simplement, on évitera de s'adonner à des plaisirs susceptibles de menacer notre intégrité physique ou morale, ou celle des autres, comme se droguer, fumer ou trop boire.

Cela vaut la peine de réfléchir un moment à la valeur de l'existence humaine, qu'on ne perçoit pas toujours très clairement, en partie parce qu'on en sous-estime la rareté. Effectivement, il peut paraître bizarre de parler de rareté alors que le monde aura bientôt trois milliards d'habitants! C'est en termes de relativité qu'il faut comprendre cette rareté: le nombre d'êtres humains qui peuplent la planète est tout à fait minime par rapport aux quantités astronomiques d'animaux et d'insectes qui foisonnent partout. Il suffit d'évoquer le grouillement des têtards dans la moindre mare, ou les nuages de moustiques dans le ciel d'été pour ne pas en douter. L'être humain appartient à une minorité sur notre planète, et qui plus est, à une minorité privilégiée : à la différence des créatures à poil, à plume ou à écaille, il n'est pas totalement soumis aux diktats d'un déterminisme biologique ou écologique. Il est doué d'une capacité de réflexion et d'un libre arbitre qui lui permet d'exercer des choix : comme par exemple de concevoir sa vie comme autre chose qu'une simple histoire de satisfaction de ses besoins — réels et supposés — et de reproduction de l'espèce. L'existence humaine est donc rare à plusieurs titres : par rapport aux autres formes de vies sur notre planète, et par rapport au degré de liberté qu'elle offre à l'individu de choisir le genre de vie qu'il souhaite mener. C'est ce qui lui donne sa valeur particulière. Mais elle devient réellement « précieuse » quand quelqu'un décide de réaliser son potentiel humain, ce qui, par rapport au reste de l'humanité, est aussi rare que de voir une étoile en plein jour. En suivant ce raisonnement, on appréciera sûrement un peu mieux la chance que représente une existence humaine et on se sentira plus motivé pour en réaliser le potentiel.

Cela dit, inutile de s'affoler si l'on a l'impression que sa vie ne vaut pas grand-chose pour l'instant et que les finalités n'en sont pas très claires. Les difficultés et les peines dans lesquelles on se débat actuellement ne doivent pas nous faire oublier ce potentiel qu'on porte en soi, car c'est justement là qu'on trouvera les moyens de résoudre ses problèmes et d'apporter sa contribution, aussi modeste soit-elle, au monde dans lequel on vit. La qualité importe plus que la quantité. Par exemple, le bien qu'on peut faire avec de l'argent ne dépend pas uniquement du montant des sommes engagées : il est possible de réaliser de grandes choses avec très peu d'argent, quand on sait s'y prendre avec cœur et intelligence, comme en témoigne le travail exemplaire de mère Teresa ou de l'abbé Pierre, alors qu'on voit tous les jours des millions de francs s'investir dans des opérations qui font plus de tort que de bien. Il ne faut donc pas se laisser décourager si on a l'impression qu'on n'a pas grand-chose à offrir au monde ; cela deviendrait un prétexte à l'inertie, alors que la moindre chose qu'on fait avec cœur et intelligence donnera forcément de bons résultats.

Une fois qu'on a bien compris la valeur de sa vie, on n'a pas à attendre que d'hypothétiques conditions idéales soient réunies pour en faire quelque chose. Notre vie et sa qualité dépendent de nous et c'est maintenant que cela se joue, dans la vie de tous les jours : dans le métro, au bureau, à la cuisine, dans une cellule monastique, à la fac ou en prison. On a tous quelque chose à donner ; reste à trouver ce que c'est et comment s'y prendre — une des finalités du dressage du tigre.

Chapitre III

UNE SEULE CONSTANTE: *L'IMPERMANENCE*

Comme les étoiles, les brumes et la flamme,
Les mirages, la rosée et les bulles de savon,
Pareils aux rêves, à l'éclair et aux nuages,
Tels sont les phénomènes composés, et tels je m'appliquerai à les voir.

Prière de la tradition Kagyupa

La prise de conscience de l'impermanence, de la fragilité intrinsèque de toute chose, est une étape indispensable de notre développement. Si on néglige cette réalité, on ne fera que ralentir son évolution personnelle, même si l'on a par ailleurs compris le potentiel de sagesse qu'on portait en soi. C'est pourquoi il faut d'abord essayer de comprendre ce qu'est l'impermanence, afin d'apprendre à faire face à cette inévitable composante de la vie pour ensuite appliquer utilement cette connaissance à notre vécu quotidien.

L'impermanence est un phénomène universel qui affecte tous les aspects de l'existence. On peut par exemple en constater les effets dans notre environnement matériel — tout ce qui fait l'objet de nos perceptions. C'est ainsi qu'on voit chaque année se succéder les saisons, chacune apportant les changements qui la caractérisent: modification de la température, de la durée des jours et des nuits, et du spectacle de la nature. Et ces changements ont un caractère inéluctable: même si l'on préfère l'été, on sera bien obligé d'accepter l'arrivée de l'hiver, qu'on le veuille ou non. A quoi bon rêver à l'impossible... Mieux vaut essayer de goûter la saveur et les charmes particuliers de chaque saison. On peut prendre plaisir à reconnaître l'arrivée et le départ des oiseaux migrateurs, à voir changer la nature: l'apparition timide des premières feuilles, la luxuriance verte de l'été où éclatent des floraisons de toutes les couleurs, les ors rouges de l'automne, les paysages épurés de l'hiver. Et le cycle recommence. L'impermanence est à l'œuvre partout, car tout change sans cesse. Pour qui sait le reconnaître, il y a même une grande beauté dans ce perpétuel changement.

Le changement se fait également sentir dans nos vies. Qui est riche aujourd'hui peut être pauvre demain, et inversement. On perd son emploi, on trouve du travail. On était patron, et on se retrouve employé subalterne. Rien n'est jamais immuable. Cette précarité n'est peut-être nulle part aussi sensible qu'en politique: un gouvernant peut fort bien jouir d'un grand pouvoir pendant un certain nombre d'années, pour se voir évincé à la prochaine élection, sans parler des coups d'État ou des assassinats. Les changements qui marquent nos vies professionnelles sont peut-être moins spectaculaires ou dramatiques, mais ils ne nous en affectent pas moins pour autant.

Notre vie intérieure et nos sentiments n'échappent pas non plus aux mécanismes de l'impermanence. Notre humeur ne cesse de changer du matin au soir; il y a des choses qu'on souhaite ardemment, d'autres qu'on appréhende, d'autres qui nous laissent indifférents. Mais, de toute façon, notre moral fluctue constamment en fonction de ce qui se passe autour de nous. Par exemple, il suffit de rencontrer un ami qu'on n'avait pas revu depuis des années, et c'est la joie. Mais, que, dans la minute qui suive, on voie arriver quelqu'un qu'on déteste, cela suffira à nous retourner complètement. Pour savoir à quoi ressemble notre esprit actuellement, imaginons un singe enfermé dans une maison vide et qui n'arrêterait pas de bondir dans tous les sens et de sauter sur place devant les fenêtres pour essayer de voir ce qui se passe dehors. Comme le singe, nos émotions n'arrêtent pas de bouger, nous projetant sans arrêt de cimes en abîmes, et inversement.

Rien n'est permanent. On naît, on grandit, on va à l'école, on travaille, on vieillit et, tôt ou tard, on finit par mourir. Trois petits tours et puis s'en vont. La vie s'enfuit, d'instant en instant, sans qu'on puisse rien y faire. Et quand arrive la mort, il faut tout quitter : la famille, les amis, ses biens, les choses auxquelles on tenait. Certains paniquent ou dépriment rien que d'y penser, et c'est pourquoi la culture occidentale s'ingénie à débattre de tout sauf de cette question essentielle, sous prétexte qu'il serait morbide d'en parler. C'est presque un tabou, au point même que le mot même de mort est souvent escamoté : on préfère dire « Untel nous a quittés », plutôt que « il est mort ». Une réaction de défense aussi dérisoire qu'inutile, dans la mesure où elle ne peut absolument rien changer au fait même de l'impermanence. Mieux vaut regarder les choses en face : le processus du changement étant inévitable, profitons-en pour tirer le meilleur parti possible des années qui nous restent, sans faire l'autruche et vivre comme si on avait l'éternité devant soi. Qui n'a pas ressenti l'intensité avec laquelle on vit chaque instant au moment d'une séparation ou d'un départ imminents : on a alors très fortement conscience de ce que le temps vous est compté, et c'est souvent à ce moment-là qu'on arrive à se dire ou à faire des choses qu'inconsciemment ou non on avait toujours remises à plus tard. C'est l'heure de vérité — l'expression est bien nommée ; il reste si peu de temps qu'on en vient enfin à l'essentiel, à ce qu'il ne faut absolument pas laisser passer avant de se quitter. Loin de rendre la situation pénible ou morbide, ce sentiment d'urgence, qui n'est en fait qu'une prise de conscience momentanée et aiguë de l'impermanence, donne une intensité, une vérité et une richesse inaccoutumées à la situation. L'appréciation de l'impermanence, du caractère unique de l'instant qu'on vit, intensifie la perception de ce qui se passe et transfigure les choses les plus ordinaires. C'est comme si c'était toujours la première fois, en même temps que la dernière. Imaginez que vous appreniez demain que tous les arbres de la Terre sont voués à mourir dans le mois ou les semaines qui viennent à cause d'une épidémie de parasitose à l'échelle de la planète. Dès l'instant de la nouvelle, vous allez regarder les arbres d'un œil neuf ; soudain cette vague silhouette verte que l'habitude vous faisait enregistrer de manière automatique et quasi inconsciente va se préciser avec une grande netteté. Vous verrez ce marronnier du coin de la rue, ou ce pommier dans votre jardin, comme vous ne l'aviez encore jamais vu : vous en percevrez l'harmonie d'ensemble, la forme des feuilles, la texture de l'écorce, l'architecture du tronc et des branches, le bruissement des feuilles, la présence apaisante, l'ombre rafraîchissante, les petits oiseaux qui s'y posent. Loin d'effrayer, la conscience de l'éphémère, de la fragilité des choses et des gens vous les fait mieux apprécier et inspire le respect, l'amour, la compassion. Combien de couples querelleurs sont inconsolables quand la mort ou le départ de l'un d'eux leur fait mesurer la profondeur d'un sentiment qu'ils avaient trop souvent négligé de cultiver, parce qu'ils vivaient comme s'ils avaient l'éternité devant eux. Quand les gens sont morts, tout le monde est unanime pour ne plus voir que leurs qualités, même s'ils ont été critiqués sans arrêt de leur vivant. Ne vaudrait-il pas mieux les apprécier et les aimer quand ils sont là, plutôt qu'à titre posthume ? Comprendre l'impermanence peut nous y aider. Loin de nous déprimer et nous rendre morbides, cela peut au contraire nous inspirer à vivre plus pleinement et à aider tous ces autres fragiles compagnons de planète à en faire de même.

Notre époque a soif de loisirs qu'elle conçoit le plus souvent comme la meilleure occasion de satisfaire ses envies. Pendant qu'on se gave de plaisirs — plus ou moins satisfaisants —, on laisse mourir de faim son être intérieur. On s'intéresse à tout sauf à acquérir une certaine maîtrise de son esprit, cette force sauvage — tant qu'elle ne se connaît pas elle-même — qui est pourtant le moteur de toutes nos expériences. Et s'il arrive qu'on y pense, on remet cela aux calendes grecques. Il est évident que nous avons tous besoin de nous détendre et de nous amuser un peu, de temps en temps, mais cela ne veut pas dire qu'on doive se désintéresser de tout ce qui n'est pas purement une distraction. Être conscient de l'impermanence peut donner du sel à la vie ; on aura envie de profiter au maximum de son temps et d'en faire le meilleur usage possible, au lieu de le laisser filer bêtement, sans se rendre compte de sa valeur.

La signification réelle de l'impermanence est souvent mal comprise. Certains sont tentés de lui donner une interprétation un peu nihiliste : puisque tout passe de toute façon, rien n'a d'importance. Alors à quoi bon travailler et poursuivre une carrière ; ne vaudrait-il pas mieux tout laisser tomber tout de suite ? C'est un parfait exemple de détournement d'une vérité fondamentale pour en faire un alibi à la paresse, pour éviter de faire face aux réalités de la vie. Si on doit faire la lessive et qu'on se dise : « Pas la peine, puisque je serai peut-être mort demain », on fera sans doute pas mal de progrès sur la voie de la paresse, mais guère sur celle de la sagesse.

Beaucoup de jeunes, aujourd'hui, ont tendance à trouver que les études sont fatigantes et un peu rasoirs. Ceux-là sont tout à fait ravis quand ils entendent parler du concept d'impermanence : voilà un bon moyen de se justifier s'ils laissent tomber leurs études sans penser à la peine qu'ils vont faire à leurs parents et amis. Prendre conscience de l'impermanence ne veut pas dire abandonner son travail ou ses études ; il s'agit simplement de constater les faits, à savoir que tout est en perpétuel changement.

Le fait d'avoir entendu parler de l'impermanence n'est pas une raison pour paniquer ou avoir des réactions exagérées ; cette connaissance doit au contraire servir à valoriser notre vie. On peut très bien observer l'état de mutation permanente de l'existence, tout en continuant à aimer la vie et à l'apprécier.

L'impermanence n'est pas toujours une mauvaise nouvelle, elle peut aussi avoir du bon : si le bonheur ne dure pas toujours, le malheur non plus n'est pas éternel. Quand on cesse d'être heureux, on devient malheureux; et l'on redevient heureux quand on a cessé d'être malheureux. Le passage de l'un à l'autre état se fait naturellement. Encore faut-il ne pas enrayer le mouvement et savoir prendre les choses comme elles viennent, les accepter telles quelles, quelles que soient les émotions qu'elles suscitent en nous. Chaque instant de vie est unique et ne reviendra plus, et on peut énormément enrichir son vécu en ne se dérobant à aucun de ces fragments d'expérience. Certains sont pénibles, d'autres agréables, mais chacun a sa texture et sa coloration propres, et il y a beaucoup à gagner en ne les esquivant pas.

Étant donné la nature impermanente de tous les phénomènes, intérieurs ou extérieurs à nous, on aurait intérêt à cesser de leur attribuer une existence solide. Plus on tente de solidifier l'idée qu'on se fait des choses, et plus on s'expose à souffrir quand elles changeront, comme elles le feront immanquablement. Si on a les idées fixes, on aura tendance à avoir des désirs et des aversions très marqués et à trier ses expériences en fonction de ces idées préconçues, prenant ce qui nous plaît et rejetant le reste. Surtout, on refusera que les choses changent et on tentera de s'y opposer. En pure perte, évidemment. Mais une fois qu'on est enfermé dans une telle attitude arrêtée, ce sont les émotions qui mènent la danse: à force de passer sans arrêt d'un extrême à l'autre, on se déstabilise et on perd son équilibre intérieur. D'où l'importance d'apprendre à moins s'attacher — aux choses, aux gens et à ce qu'on fait — en acceptant la réalité de l'impermanence. Puisqu'elle existe de toute façon, qu'on le veuille ou non, autant ramer dans le sens du courant: on profitera au moins de la force de propulsion de l'eau, au lieu de se battre contre elle.

Nous avons tous tendance à penser qu'on aimerait bien profiter un peu de la vie et de ses plaisirs, et qu'on aura bien le temps de réfléchir plus tard. Le temps passe, notre esprit indompté continue à nous mener par le bout du nez et on se demande toujours pourquoi on souffre. Pendant ce temps-là, le compte à rebours se poursuit et rien ne nous garantit que ce fameux lendemain, auquel on remet tout ce qui nous ennuie, viendra bien. C'est de toute façon un très mauvais calcul: on ne tient pas à s'occuper tout de suite de son esprit, sous prétexte qu'on veut prendre du bon temps et profiter de la vie. Or, c'est justement l'état sauvage de notre esprit qui nous empêche de vraiment profiter de la vie et qui nous la gâche bien souvent à cause de ses frasques incontrôlables et des dégâts qu'elles entraînent. Ne serait-ce que par calcul hédoniste, on a tout intérêt à apprendre à dresser son tigre au plus vite... Sachons prendre la grâce quand elle passe: il n'est pas dit qu'on en aura toujours l'occasion ou les capacités.

Une saine perception de l'impermanence est peut-être le meilleur cadeau qu'on puisse se faire à soi-même: à court terme pour mieux apprécier les bons côtés de sa situation actuelle, sans toutefois trop s'y attacher, et pour prendre les mauvais côtés avec plus de philosophie, même les pires choses ayant une fin. Et à long terme, pour ne pas s'attarder à l'inessentiel et aller directement à la source des choses en entamant le dressage de son tigre intérieur. Comme quoi on a souvent beaucoup à gagner à faire face à certaines réalités décapantes...

Chapitre IV

VIVRE POUR QUOI? *LA «JUSTE MOTIVATION»*

Que tous les êtres soient heureux et trouvent les causes du bonheur,
Que la souffrance et ses causes leur soient à tous épargnées,
Qu'aucun d'eux ne soit privé du véritable bonheur — exempt de toute souffrance,
Et qu'ils éprouvent toujours la grande impartialité qui ne connaît ni attachement aux êtres chers, ni aversion aux autres.

Les Quatre Incommensurables Vertus

Ce texte, qui sert à la prière et à la contemplation, définit l'attitude qui convient quand on veut s'engager dans la voie de la connaissance de la véritable nature des choses. Si sa formulation peut paraître un peu déroutante, son message est cependant tout à fait clair et simple. Chacun de nous possède déjà en lui l'essence de la perfection — ce comble de la connaissance et de l'amour qui peut s'appeler «nature de bouddha», «esprit d'éveil», ou divin intérieur dans l'optique chrétienne — mais il l'ignore. C'est cette ignorance — la méconnaissance de la nature essentielle de l'esprit et de la réalité — qui fait que nos pensées, nos paroles et nos actes sont le plus souvent en contradiction avec notre véritable nature intérieure et forment une sorte de brouillard qui l'occulte de plus en plus et l'empêche d'être perçue. Il y a donc tout un cheminement à faire pour aller de notre état mental actuel à celui de l'«éveil» — la reconnaissance de la véritable nature des choses. Le voyage risque d'être long, pour certains peut-être plus que pour d'autres, mais l'essentiel est qu'il existe effectivement des moyens permettant de réaliser pleinement le potentiel d'une vie humaine. La prière citée ici en exergue nous indique à la fois le but du voyage — l'état d'esprit qu'on cherche à cultiver —, et son itinéraire — les moyens à employer.

Dans la terminologie bouddhique, avoir une «juste motivation» consiste à vouloir le bonheur et le bien de tous, à souhaiter qu'ils trouvent la paix et se délivrent des causes de la souffrance. C'est une noble ambition, une source d'inspiration dans les bons comme dans les mauvais moments. Il est sûr que cette prière vise très haut, mais cela a l'avantage de définir clairement, dès le départ, des objectifs qui resteront valables et pertinents à chaque étape du voyage.

Beaucoup de gens s'intéressent maintenant à la méditation, mais souvent pour de curieux motifs. Le reste de l'humanité peut être à feu et à sang ou mourir de faim, comme leur voisin de palier mourir de solitude, ils ne se sentent pas concernés. Tout ce qu'ils attendent de la méditation — comme du reste d'ailleurs —, c'est un moyen de glorifier un peu plus leur ego: ils veulent devenir clairvoyants, faire des «voyages astraux», acquérir toutes sortes de pouvoirs paranormaux. Bilan: l'ego engraisse tranquillement pendant que le cœur s'étiole. Quant à la sagesse... Le développement personnel et la spiritualité ne consistent pas à faire des expériences fantastiques, mais à apprendre comment fonctionne son esprit et à s'intéresser un peu plus aux autres. S'il arrive qu'on ait parfois certaines expériences, elles ne valent pas la peine qu'on s'y attarde, dans la mesure où elles ne sont qu'une retombée des techniques de maîtrise de l'esprit, et non un but en soi — sans parler même du sérieux obstacle qu'elles peuvent constituer si on s'y attache trop.

Une autre idée fausse consiste à voir dans la méditation

un moyen, ou une justification pour se couper du reste de la société. Une telle attitude révèle qu'il y a quelque chose qui cloche quant à la motivation: on cherche à se servir de la méditation pour entretenir et confirmer l'animosité qu'on ressent à l'égard de la société.

Si le bonheur était un état permanent et qu'on n'éprouve jamais de difficultés ou de souffrances, on n'aurait peut-être pas besoin d'entreprendre une démarche spirituelle. En réalité, les problèmes et les peines auxquels on est confronté jour après jour sont la conséquence de notre ignorance des mécanismes mentaux et de la nature de l'esprit. C'est précisément pour cela qu'on a besoin d'une voie, d'un itinéraire, et c'est cette constatation qui doit nous motiver à nous engager dans ce sens.

Il est rare qu'on agisse sans motif: c'est notre motivation qui nous incite à l'action. S'il fait froid, on ira faire du feu pour se réchauffer, alors qu'on ne s'en donnerait évidemment pas la peine si on n'avait pas froid. Dans la même veine, celui qui veut trouver un bon travail, n'hésitera pas à suivre une formation longue et difficile pour y arriver. Et il en est ainsi dans tous les domaines: il faut d'abord se sentir motivé pour avoir l'intention d'agir et pour être prêt à y consacrer une certaine part d'effort. Cela vaut aussi pour la méditation. Il faut être sérieusement motivé pour se lancer dans une entreprise qui risque d'exiger énormément d'efforts de notre part: il faut une raison qui en vaille vraiment la peine. C'est le cas de celle qu'on se propose ici: on ne va pas se limiter à un projet personnel, mais tout de suite voir les choses en grand. D'entrée de jeu, on se donne comme principal objectif d'aider les autres: on veut dompter le tigre intérieur, non seulement pour vivre mieux soi-même, mais aussi parce qu'une fois qu'on maîtrisera mieux son esprit, on sera capable d'être vraiment utile aux autres — de les aider en fonction de leurs besoins réels et non de nos projections égocentriques. On place la barre très haut, mais il vaut toujours mieux viser un peu plus haut, compte tenu de nos faiblesses. Une fois cet objectif clairement défini et adopté, il va orienter toute notre vie, un peu à la manière d'un champ magnétique qui organise des éléments distincts en un ensemble cohérent. Une telle idée force va insuffler son dynamisme dans tout ce qu'on va penser, dire ou faire. Il suffit de garder à l'esprit son intention initiale pour que la moindre de nos occupations quotidiennes contribue à notre objectif. Quand cette motivation est très forte, la frontière entre le profane et le sacré s'évanouit et il n'y a plus de dispersion d'énergie: qu'on travaille, qu'on s'occupe de ses enfants ou qu'on médite, tout contribue désormais à la réalisation de notre but.

On peut se sentir un peu dépassé par la hauteur des idéaux qui viennent d'être évoqués: «A quoi sert-il d'essayer de tirer quelque chose de mon esprit? Comment pourrais-je espérer changer alors que j'ai le désir et la haine chevillés au corps?» Raison de plus, au contraire, pour s'y mettre à fond. Si on était capable de voir les choses de manière claire et positive, de s'ouvrir aux autres et d'agir toujours dans leur intérêt, on serait déjà en état de compassion naturelle et on n'aurait donc pas besoin d'en faire l'apprentissage. Tant qu'une telle attitude n'est pas spontanée, il faut travailler sur sa motivation — qui en est la base indispensable. On a tellement l'habitude de se préoccuper de soi avant tout, qu'on ne pense pas toujours spontanément à aider les autres. C'est donc un réflexe qu'il va falloir éduquer et cultiver, même si cela peut sembler un peu artificiel au départ. Autrement, à quoi bon parler de compassion si on n'a pas au moins le désir d'aider les autres? C'est ce point de départ indispensable qu'on qualifie de «motivation juste»: avoir l'intention d'aider les autres — tous les autres, et pas seulement ceux qu'on aime.

Pour le moment, il y a sans doute une seule chose qui nous intéresse: nous débarrasser de nos propres souffrances — ce qui est un sentiment bien naturel. On peut d'ailleurs y arriver sans la méditation, au moins à titre temporaire. Mais nous parlons ici d'une bien plus grande ambition: au lieu de se préoccuper uniquement de ses propres désirs, de son bien-être et de son bonheur personnels, sans se soucier de ce qui peut arriver aux autres, on va chercher à développer en soi un authentique sentiment de bienveillance et de compassion vis-à-vis de tout le monde. On essaiera de cultiver cette attitude positive par tous les moyens et en toute occasion, en faisant attention de ne pas aller plus vite que la musique. Chaque chose en son temps: une fois capable d'une attitude un peu plus positive vis-à-vis de soi, on pourra l'étendre à ses proches, puis, progressivement, à de plus en plus d'autres gens.

Toute démarche spirituelle commence en effet par un travail sur soi-même, et il est important de le reconnaître. Il faut d'abord apprendre à devenir autonome, à se prendre soi-même en charge pour ne plus être un fardeau pour les autres. Leurs responsabilités et leurs difficultés en seront allégées d'autant, et ils y gagneront un certain espace de liberté pour eux-mêmes. En tout cas, il ne sert à rien de mettre la charrue avant les bœufs: on peut faire plus de mal que de bien en cherchant à aider quelqu'un avant d'avoir un peu compris comment on fonctionnait soi-même — un aveugle en guidant un autre. Cela relève de ce qu'on appelle la compassion bornée, celle qui n'est pas nourrie par la sagesse. Si, par exemple, quelqu'un est en train de se noyer dans un lac et qu'on se jette à l'eau pour le sauver sans savoir nager, il risque d'y avoir deux noyés au lieu d'un. Il est évident qu'il faut savoir nager pour pouvoir sauver quelqu'un d'autre de la noyade. De même, on ne pourra vraiment aider les autres — au-delà des simples petits services du quotidien — que quand on aura apprivoisé son esprit et qu'on saura gérer aussi bien la souffrance que le bonheur.

Il faut aussi savoir faire preuve d'un certain bon sens pour ne pas tomber dans l'excès de zèle. Il est très bien de vouloir aider les autres, mais cela ne veut pas dire qu'il faille sans arrêt les harceler pour leur imposer son aide à toute force, qu'ils en veuillent ou non. Cela dit, à l'inverse, ce n'est pas la peine d'attendre d'avoir atteint la perfection pour se rendre utile. C'est une question de bon sens: on doit trouver une juste mesure, savoir investir son énergie avec tact et intelligence. On n'a pas besoin d'être un grand sage pour porter les sacs d'une vieille dame qui a du mal à marcher, ou l'aider à monter dans un bus, ou pour se rendre compte qu'il vaut mieux ne pas se mêler des querelles de ménage de vos voisins. Avec un peu de vigilance, on peut quand même se rendre utile, en attendant le jour où on saura agir de manière totalement pure et où tout ce qu'on fera sera automatiquement bon pour les autres. Entre-temps, on peut au moins essayer de faire de son mieux, en fonction de ses capacités actuelles. Même si cela ne va pas très loin, c'est un moyen d'approfondir sa connaissance des choses et des gens et de consolider sa motivation — c'est tout au moins une attitude qui débouchera plus tard sur la compassion vraie.

Charité bien ordonnée commençant par soi-même, on apprend d'abord à faire preuve de compassion vis-à-vis de soi-même, avant de pouvoir l'appliquer aux autres. Certains estimeront peut-être qu'on peut se dispenser de cette étape intermédiaire si on se sent déjà capable d'amour et de bienveillance envers les autres. Mais, s'il est vrai qu'il existe parfois des liens profonds et puissants entre époux, entre frères et sœurs ou entre amis, l'amour authentique dont nous parlons ici vise à nous rendre capables d'aimer aussi fort n'importe qui. Nos sociétés contemporaines ont une drôle de notion de l'amour : on tombe facilement amoureux — de ses amis, de ses maîtresses ou amants, et même des objets qu'on possède —, mais cet amour a quelque chose d'étroit et de limité, parce que essentiellement égoïste et possessif. Bien sûr, il n'y a rien de mal à aimer ses amis et sa famille, c'est au contraire souvent une bonne chose, car il faut bien un point de départ pour développer l'amour véritable. Mais si on réserve l'exclusivité de ses affections à ces personnes-là, on ne fera que se forger des chaînes. Les liens de ce genre sont souvent à double sens : ils peuvent aussi bien étouffer que réconforter.

C'est pourquoi il est bon d'essayer de ne pas limiter son amour et sa compassion à une seule catégorie de gens, au détriment de tous les autres. Il est facile de se laisser émouvoir par les pauvres et les affamés, mais on aura peut-être plus de mal à se sentir enclin à la compassion envers des nantis et des bien nourris. Or, eux aussi ont leur part de souffrance, peut-être moins évidente, car elle est plus mentale que physique, mais pas moins pénible: comme les soucis que leur donne la gestion de leur fortune ou de leurs affaires, et le stress d'avoir à prendre constamment des décisions importantes, par exemple.

Cela veut simplement dire que chacun a ses problèmes et ses souffrances propres, et qu'il faut s'entraîner à ressentir la même qualité de compassion pour tous, riches ou pauvres, Blancs ou Noirs — n'importe qui. Une telle démarche peut complètement transformer notre vie: on se sentira plus heureux et plus équilibré, et tous ceux qui nous entourent bénéficieront automatiquement de cette éclosion en nous d'une compassion largement offerte à tous. Ce qui arrive à l'un d'entre nous affecte automatiquement tous les autres. Personnellement, on verra croître son potentiel et ses forces: on arrivera à se suffire un peu plus à soi-même, et on aura moins besoin d'aller chercher le soutien et le réconfort des autres. Mais attention à ne pas attraper la grosse tête et tomber dans le piège de l'orgueil!

On pourrait effectivement être tenté de penser qu'un engagement spirituel nous intègre à une élite — des gens un peu à part, un peu supérieurs au commun des mortels. Or, ne perdons pas de vue que si nous entreprenons une telle démarche, c'est justement pour nous mettre au service des autres, et non pour nous faire servir par eux: cela a été bien défini au départ. Ce n'est pas parce qu'on essaie de faire naître en soi la compassion qu'il faudrait se prendre pour une espèce de roi ou de reine qui mérite de se prélasser et de se faire chouchouter par les autres. L'orgueil est en fait un des pires obstacles qu'on puisse rencontrer sur la voie du développement intérieur. Pourquoi se croire supérieur aux autres, sous prétexte qu'on a déjà un peu évolué soi-même, et mépriser ceux qui souffrent ou qui sont dans la confusion, comme s'ils étaient des pestiférés. Cette condescendance est au contraire la preuve qu'il nous reste encore beaucoup de chemin à parcourir! L'humilité est une vertu cardinale; plus encore, il n'y a pas de vraie compassion sans elle. Si l'on est sincère dans sa démarche spirituelle, on doit être prêt à le prouver par des actes en n'hésitant pas à payer de sa personne.

Le vrai progrès consiste à développer le potentiel qui nous est propre, tout en restant modeste et bienveillant. Bien entendu, nul n'est parfait et il arrive qu'on se trompe. Ce n'est pas une raison pour s'autopunir et se laisser obnubiler par ses erreurs. Ce qui compte, c'est de faire de son mieux, tout simplement, sincèrement, en fonction de ses propres aptitudes. Autant le regret a un rôle positif à jouer en nous aidant à renforcer notre détermination, autant il est inutile de se laisser miner par des remords incessants qui ne peuvent qu'entraver notre bon développement.

La première chose à faire en ouvrant l'œil, le matin, est de se rappeler son engagement: «Je voudrais que tout ce que je vais faire, dire ou penser aujourd'hui soit utile aux autres.» La compassion doit devenir le fil conducteur de notre vie, car si on la perd, on se ferme la voie au véritable progrès — spirituel et personnel. La compassion n'est pas la pitié ou la condescendance, ce n'est pas ce sentiment un peu pleurnichard et à l'eau de rose que certains imaginent. C'est l'amour dans toute sa puissance, débarrassé du carcan des préférences et des exclusions que lui impose l'ego. C'est une force gigantesque qui peut renverser des montagnes, comme en témoigne par exemple ce fait divers qui raconte comment une Américaine réussit à soulever seule la voiture sous laquelle était coincé son fils. Quand on est motivé par la compassion, on porte en soi un trésor d'énergie inépuisable. C'est l'antidote absolu à la fatigue et au découragement: à la différence des forces physiques et de la vitalité qui s'épuisent facilement, la compassion est une source d'énergie constamment renouvelée par le désir d'aider les autres — cette «ardente obligation» toujours ravivée par l'infinité des besoins et des souffrances. Une fois qu'un tel feu vous anime, le dynamisme de la compassion vous soutient sans relâche et sans faillir, jour après jour, tout au long de votre vie. Évidemment, c'est un peu difficile à imaginer, sauf si l'on a eu l'occasion d'en rencontrer des exemples vivants — et il y en a. La flamme qu'on voit dans les yeux de mère Teresa ou de l'abbé Pierre, par exemple, est à la fois un signe et un encouragement : chacun de nous possède ce potentiel d'amour et peut faire des merveilles grâce à lui.

On pourrait comparer la motivation juste à un greffon. Il est rare qu'une greffe prenne du premier coup : il faut souvent s'y reprendre à plusieurs fois pour que ça marche. La première tentative aura peut-être des allures de faux-semblant : comment prétendre aider les autres alors que la plupart de nos rapports sont actuellement inspirés par l'attachement ou par l'aversion ? Cependant, même si notre engagement n'est encore que purement verbal, il aura au moins l'avantage de ne nuire à personne. Mais n'oublions pas que cette motivation vient se greffer sur le potentiel de compassion qui est en nous, afin de lui permettre de s'exprimer à travers une réelle capacité d'aimer les autres. Et plus notre motivation sera forte, et plus l'énergie de la compassion pourra irriguer notre vie. Jusqu'à devenir totalement spontanée et toujours prête à se mobiliser — une seconde nature.

Chapitre V

FAIRE FACE

Ne te complais pas à pleurer sur ton sort!

Les Sept Points de l'Apprentissage mental, par Atisha.

Entre le moment où l'on rencontre la spiritualité pour la première fois, et celui où l'esprit s'éveille totalement, dans la plénitude de ses qualités naturelles, le voyage peut être long et rude. Si l'on envisage sérieusement de se lancer, il faut réfléchir à l'organisation pratique de son voyage. Par exemple, il ne suffit pas de se dire: «Je veux aller de Londres en Écosse», pour s'y retrouver. Il faut choisir son moyen de transport — voiture, train, ou avion, et prendre la peine d'organiser son voyage. Ainsi, pour aller de Londres en Écosse, il faudra se rendre à la gare de Euston, à l'aéroport d'Heathrow ou bien prendre l'autoroute. Si l'on ne fait pas ce petit effort nécessaire au départ, on n'arrivera jamais nulle part, et on restera coincé chez soi — et frustré.

Quand on veut aller quelque part, il faut commencer par définir son point de départ, son moyen de transport et son itinéraire; puis il faut partir. Cela est vrai aussi pour le voyage spirituel: son but est de nous amener à vivre une vie plus heureuse et plus épanouissante, en même temps que plus utile aux autres, et son point de départ est l'ordinaire de notre vie quotidienne. Le quotidien foisonne d'événements de toutes sortes qui vont constituer la matière première du travail spirituel, car c'est à travers cette grande variété d'expériences qu'on pourra apprendre et évoluer. La vie quotidienne est une mine de leçons de sagesse offertes à qui veut les prendre, indépendamment de toute considération de niveau d'éducation ou de culture.

La première leçon consisterait sans doute à oublier nos mauvaises habitudes. On a un peu tendance à esquiver ou à ignorer les problèmes qui se posent à nous dans notre milieu social, professionnel ou familial, tout comme on essaie d'occulter l'insatisfaction et la souffrance qu'on peut ressentir en soi. Si l'on veut être honnête avec soi-même, on sera bien obligé de reconnaître que, dans un certain sens, on en est encore vraiment au B.A-BA pour ce qui est de gérer les difficultés du quotidien. On aimerait peut-être pratiquer des techniques de méditation exotiques dans l'espoir d'arriver un jour à léviter ou à voler, alors qu'il serait sans doute plus utile d'apprendre à d'abord bien se tenir sur ses deux pieds. Certains, qui s'estiment déjà très évolués, pensent qu'ils n'ont rien à faire d'un enseignement, même si, inconsciemment, ils reproduisent sans cesse les mêmes schémas dans leur vie et se créent toujours les mêmes difficultés. C'est pourquoi nous nous donnons ici comme principal objectif d'apprendre à accepter et à gérer les situations ordinaires de la vie quotidienne. On ne peut pas s'attendre à faire de réels progrès avant de s'être rendu compte qu'on avait besoin d'un tel apprentissage.

Ayant compris la nécessité d'une voie, il reste encore à se mettre en route. Dans un monde idéal, il serait peut-être possible de s'installer confortablement, un cigare dans une main, un verre de bon vin dans l'autre, entouré de maîtresses superbes ou d'amants fougueux, et d'attendre tranquillement que l'esprit s'éveille tout seul. La réalité n'est pas aussi idyllique: on n'arrivera à rien sans un minimum d'effort. Aucun rêve, ni aucun fantasme ne peut nous mettre à l'abri des souffrances qui nous attendent si nous n'apprenons pas à faire face au quotidien en domptant notre esprit.

On en vient donc à considérer les moyens de réaliser le voyage spirituel. La première chose à faire est d'apprivoiser son esprit pour se donner une base solide à partir de laquelle on pourra évoluer. C'est capital. Faute d'une telle base, on sera incapable de profiter pleinement de l'exceptionnelle chance de développement que représente notre vie d'homme ou de femme. Dompter son esprit est donc une priorité absolue : vis-à-vis de soi-même, parce que c'est la seule manière d'apprendre à gérer positivement tout ce que la vie nous apporte, tout en se servant des matériaux de notre vécu pour faire croître en soi la sagesse et la compassion. Mais aussi vis-à-vis des autres, car un des principaux objectifs du dressage de l'esprit est d'acquérir la compassion qui nous rendra capables de les aider, sans faire de distinction.

Une fois cette base mise en place, on pourra évoluer de manière constructive, mais progressive, parce qu'on ne peut pas brûler les étapes. Même si on a réussi professionnellement ou socialement, il faut bien admettre qu'on n'est pas encore très évolué sur le plan de la maîtrise de l'esprit — de ses émotions, de ses pensées, de ses sentiments. Si on a besoin de dompter son esprit, c'est parce que, tant qu'on aura peur de perdre ce qu'on a — de l'argent, des objets, des êtres chers, sans parler de sa propre vie — on risquera de souffrir. Il faut bien commencer par le commencement.

Imaginez que vous trouviez un morceau de diamant brut ; si vous savez le tailler, vous pourrez en révéler toute la beauté et vous en faire une superbe parure. Mais si vous ne maîtrisez pas bien les techniques de la taille, vous risquez de l'abîmer ou de le casser, et il deviendra inutilisable et sans valeur. Les exercices et les techniques de méditation qui sont proposés ici sont des outils permettant de travailler le diamant brut de l'esprit ; si on sait les manier habilement et soigneusement, on pourra le tailler et le polir pour en faire ressortir toute la brillance et la pureté.

Ce n'est peut-être pas une perspective qui vous semble particulièrement réjouissante ou encourageante que d'avoir à faire face jour après jour à ceux qui vous entourent et aux situations de la vie courante. On préférerait s'entendre dire qu'on n'a rien à faire et que tout s'arrangera, comme dans les films d'Hollywood. On peut toujours rêver, mais cela ne sert pas à grand-chose, on le sait bien. Un jour ou l'autre, il faut bien commencer à voir les choses comme elles sont, et à les accepter comme telles, c'est-à-dire très banales, pour la plupart. La vie quotidienne est faite d'une multitude d'événements très ordinaires ; chaque jour distille sa dose de petits ou de grands malheurs et bonheurs. Parfois, on ressent même les deux à la fois : les choses peuvent avoir un goût aigre-doux. Ce n'est pas tellement la saveur des événements qui importe, mais le fait même qu'ils surviennent : c'est la matière brute du vécu, ce à quoi il faut faire face.

Paradoxalement, il n'y a pas que les situations pénibles qui nous posent problème. On peut se sentir angoissé même quand tout va très bien, parce qu'on a peur que ça change. On doit pouvoir comprendre et gérer tout ce qui nous arrive, en bien comme en mal. Parfois, on sera obligé de se plier aux circonstances, alors qu'à d'autres moments il y aura peut-être quelque chose à faire pour les améliorer. Mais de toute façon, c'est à nous de prendre les choses en main, personne ne peut le faire à notre place, même si on bénéficie parfois du soutien et des encouragements des autres. Au bout du compte, on est le seul — ou la seule — à pouvoir faire quelque chose de sa propre vie.

Certains sont passés maîtres dans l'art d'esquiver les difficultés, et chacun de nous a sa technique favorite : changer de travail ou d'adresse, prendre un amant, changer de maîtresse, se précipiter chez le médecin, se gaver de chocolat ou passer son temps à téléphoner à ses amis. On peut aussi fantasmer à outrance, se coller devant la télévision, prendre des drogues, faire de la boulimie ou se soûler. Si rien de tout cela ne marche, on finit par ne plus pouvoir dormir ou penser ; on en perd le boire et le manger et on se sent tellement malheureux qu'on s'en rend malade. On peut même être tenté de se suicider, ce qui est tout aussi négatif que de tuer quelqu'un d'autre. A force de prendre ses petits malheurs trop au sérieux, on peut se créer de vrais ennuis et devenir encore plus incapable de les résoudre.

En éludant ou en esquivant les difficultés, on se crée une diversion momentanée, mais on ne les résout pas. Quand on se contente de ne faire que ce qu'on aime et d'éviter tout ce qui nous déplaît, on a au contraire de plus en plus de problèmes. Sans parler des dégâts physiques ou mentaux que cela peut occasionner, et de l'emprise croissante des mauvaises habitudes qu'on a prises et qu'on aura ensuite beaucoup de mal à briser. En se laissant aller à la faiblesse, on s'affaiblit encore un peu plus et on réduit ses chances de se débarrasser de ses souffrances. Un cultivateur qui déverse des tonnes d'engrais dans le sol aura peut-être des récoltes records pendant quelques années, mais il en fera les frais plus tard quand il se rendra compte qu'il a empoisonné sa terre et en a épuisé les ressources. Il faut faire preuve d'un peu de sagesse et ne pas se précipiter sur de vagues remèdes à court terme, mais choisir des solutions qui débouchent sur quelque chose de positif et de bénéfique à long terme. A savoir un moyen d'éviter de se créer à nouveau de la souffrance.

Il est utile d'avoir un certain recul par rapport aux choses de la vie, et d'éviter les excès du rigorisme et du laxisme. Si on se veut trop strict et trop sérieux, on aura tendance à toujours tout dramatiser. On se privera aussi de ce ballon d'oxygène qu'est l'humour. En revanche, si on est trop frivole et qu'on prend tout à la légère, on vivra dans une espèce de monde chimérique. De toute façon, on se retrouvera coupé des réalités quotidiennes et inconscient des sentiments qu'elles suscitent en nous, comme lorsqu'on est sous l'empire d'une violente émotion — colère ou jalousie —, ou qu'on est obsédé par le passé ou l'avenir. Or, on ne peut pas travailler utilement sur soi si on perd de vue la réalité présente des choses, le monde dans lequel on vit.

Jusqu'à présent, on s'est probablement surtout préoccupé de trouver le moyen de fuir ses problèmes. Pour dompter l'esprit, il faut se rééduquer et apprendre à faire l'inverse : affronter directement ce qui nous est désagréable ou pénible, et le faire efficacement. Ce qui ne sera pas dénué d'avantages pour nous, ne serait-ce que du fait de ne plus avoir à se casser la tête pour inventer des moyens de se défiler ! On sera peut-être même surpris de constater que ce qui nous faisait si peur, ou qui nous dérangeait tellement, n'est après tout pas si terrible, une fois qu'on s'est décidé à prendre le taureau par les cornes. L'idée que nous nous faisons des choses et des gens est souvent bien pire que leur réalité...

Une fois qu'on est prêt à accepter les choses telles qu'elles sont, tout est transformé, même ce que la vie peut avoir de plus difficile. Extérieurement, rien n'a changé ; et pourtant, tout est autre, du fait qu'on a soi-même changé d'attitude. Quand on accepte de voir la situation telle qu'elle est, et non telle qu'on voudrait qu'elle soit, on sait spontanément comment y réagir : les circonstances nous en fournissent elles-mêmes l'indication quand on se donne la peine de ne pas les déformer par nos *a priori*. En revanche, si on se laisse aller à la tentation de faire l'autruche et de ne pas regarder les choses en face, de toujours remettre à plus tard, la situation ne fera probablement qu'empirer. On doit apprendre à évaluer les choses à leur juste valeur. Qu'il nous arrive des choses pénibles, agréables, ou complètement banales, ce qui importe, de toute façon, c'est de reconnaître chaque situation pour ce qu'elle est. Sans la défigurer et la compliquer par le biais du filtre de nos réactions intellectuelles ou affectives. Dès que les émotions s'en mêlent, c'est toute notre perception de la situation qui est déformée. La réalité est escamotée derrière notre version des faits.

Il faut malheureusement reconnaître que, vivant dans notre civilisation contemporaine, nous sommes bien mal équipés pour accepter les choses telles qu'elles sont. Nos sociétés ont une tout autre manière d'envisager les choses qu'elles jugent désagréables ou pas complètement satisfaisantes. C'est ainsi qu'on a conçu des équipements complexes pour mécaniser des tâches répétitives, ennuyeuses pour leurs exécutants. Résultat : la mécanisation a fait de bon nombre de ces travailleurs-là des chômeurs, donc des gens qui s'ennuient encore plus qu'avant ! Autre exemple : on rase des quartiers entiers au bulldozer pour y bâtir de grands ensembles, théoriquement dans le but d'améliorer la qualité de vie des habitants. Privés de la convivialité d'un environnement qui a grandi naturellement, les gens se retrouvent souvent bien plus mal lotis qu'avant, car ils souffrent d'isolement et de solitude. On veut toujours faire plus ou mieux, sans réfléchir vraiment à ce que cela veut dire et aux conséquences réelles de telles entreprises.

Au lieu d'investir toute son énergie à essayer de rendre la vie parfaite — en vain, car c'est impossible — mieux vaudrait consacrer une partie de ses forces à apprendre à être tolérant, à apprécier les choses telles qu'elles sont. Il est impossible que chacun de nous arrive à changer le monde et les autres, dans le sens qu'il désire — tentative vouée à l'échec dès le départ, de toute façon, car il faudrait autant de mondes que d'individus. Mais on peut changer *sa perception* du monde. Si l'on arrive à accepter les choses pour ce qu'elles sont, on découvre une dimension de paix intérieure qui procure un véritable bonheur. Une joie et un bonheur durables, à la différence des plaisirs éphémères que nous recherchons hors de nous-mêmes, dans des activités, des idées, des objets ou des personnes. Le choix est clair : ou bien on se laisse ballotter dans tous les sens, comme une plume au gré des vents du changement, agissant et réagissant en fonction de tout ce qui se présente. Ou bien l'on apprend à établir en soi une certaine stabilité intérieure qui ne soit pas tributaire des fluctuations du hasard, des louanges des uns ou des critiques des autres.

Si on sait faire le bon choix, on sentira naître et croître en soi une certaine sagesse, une égalité de tempérament basée sur l'impartialité. Avec le temps, notre vécu sera complètement transfiguré ; on en percevra les aspects positifs, au lieu de se laisser obnubiler par ce qu'il peut avoir de négatif. On en viendra même à éprouver une certaine gratitude vis-à-vis de ceux qui sont désagréables, méchants ou malhonnêtes envers nous : c'est en effet grâce à eux qu'on a l'occasion de cultiver la patience et la compassion. Bien entendu, cela ne veut pas dire qu'il faille chercher les ennuis à tout prix, mais que, quand on a des problèmes, on les assume au lieu de les fuir, on essaie de les gérer et d'en tirer le meilleur parti possible, sans sombrer dans la tristesse ou le désespoir.

Évidemment, c'est plus facile à dire qu'à faire. Il est vrai qu'il faudra y mettre du sien et fournir un gros effort pour acquérir l'attitude qu'on vient de décrire. En tant qu'Occidental, on est conditionné à croire que le bonheur dépend de facteurs qui nous sont extérieurs, si bien qu'on n'a pas spontanément tendance à en chercher la source en soi. Mais on doit envisager d'essayer une autre démarche. Faisons le bilan, afin de voir où nous en sommes actuellement. Ensuite, essayons de nourrir et de développer les forces latentes qu'on aura découvertes en soi, tout en se débarrassant de ses mauvaises habitudes et de ses vieilles faiblesses.

L'heure étant au bilan, si l'on passait maintenant un moment à se regarder dans le miroir?

Chapitre VI

LE MIROIR

Le samsara [1] *est la tendance a trouver des défauts aux autres.*

Napora

On se trompe d'adresse quand on cherche le bonheur à l'extérieur de soi, on l'a vu. On aura beau voyager au bout du monde et multiplier les expériences à l'infini, on verra toujours les choses à travers les mêmes yeux, car on perçoit le monde en fonction de ce qu'on pense et de ce qu'on ressent. Chacun a sa propre version du monde dans lequel il vit.

Toute tentative de modifier le monde pour le rendre conforme à nos désirs et à nos espérances est vouée à l'échec. S'il pleut, on n'y peut rien et ce n'est pas parce qu'on a envie de voir le soleil qu'il se montrera. Il y a cependant une chose qu'on a le pouvoir de changer: le déplaisir que nous cause la pluie. Ce qui ne veut pas dire qu'on doive se créer de toutes pièces une autre personnalité — celle qu'on a déjà suffit amplement. Pratiquement, cela signifie qu'on a besoin d'un miroir pour nous aider à voir où on en est exactement, et nous révéler des aspects de notre personnalité sur lesquels on a besoin de travailler.

Les êtres humains ont une nette tendance à collectionner les masques; chacun en a pratiquement un pour chaque

1. Samsara: terme sanscrit qui désigne l'existence conditionnée par l'ignorance.

occasion. Si bien qu'on ne sait pas quelle tête on a, en réalité, parce qu'on ne l'a jamais vraiment observée attentivement. On manque sans doute de recul pour la voir clairement. Alors on regarde la tête des autres, et quand on en voit une belle, on espère que la sienne y ressemble.

Cependant, il arrive parfois que le masque glisse, ou qu'on ait oublié de le mettre, et que, pendant un court instant, on se voit tout à coup tel qu'on est. En général, le choc est tel qu'on ne le supporte pas. On s'empresse d'occulter ce qu'on a vu et on se refait très vite un nouveau masque. On a tellement pris l'habitude de toujours vouloir retoucher la réalité pour la refaire à sa guise qu'on n'arrive même plus à assumer ce qu'on est. Pendant ce temps-là, notre vrai visage est en train de pourrir sous les masques, faute d'air et de lumière, et aussi parce qu'on n'a jamais pensé à le nettoyer.

On peut arriver à donner aux autres une bonne image de soi, alors que ce qu'on cache derrière le masque aurait bien besoin d'un sérieux ravalement. Or, on mise sur le mauvais cheval en privilégiant l'apparence par rapport à la réalité, car c'est ce qu'on a réellement en soi qui détermine la qualité de nos expériences et de notre vécu. Tant qu'on cachera de la pourriture sous un maquillage attrayant, on n'arrivera à rien de très utile pour soi, ou pour les autres, même si on parvient à entretenir un simulacre d'intégrité.

C'est derrière le masque qu'il faut aller débusquer le soi pour apprendre à le connaître. Nous avons tous l'étiquette d'un «je», et pourtant rares sont ceux qui savent qui ils sont réellement. Il suffit qu'on donne un petit quelque chose, du superflu — comme une babiole dont on n'a que faire, ou même une simple croûte de pain — pour se donner bonne conscience et se prendre pour un grand philanthrope, et on n'est pas à la veille d'oublier son geste. Alors qu'on fait preuve d'amnésie profonde par rapport à ses accès d'égoïsme ou à ses crises de colère. Et c'est ainsi qu'on se construit une fausse image de soi pour se rassurer. Toute l'idée qu'on se fait de soi repose sur une supercherie d'autant plus difficile à déjouer qu'on en est soi-même l'auteur. Voilà pourquoi on a besoin d'un miroir.

Voici ce que disait à ce propos un des grands maîtres spirituels du Tibet, Djamgön Lodreu Ta-yé: «Quand je regarde certains pratiquants du bouddhisme, ils ont l'air tout à fait comme il faut, vus de l'extérieur; ils parlent bien, ils sont correctement habillés, ils savent s'asseoir comme un Bouddha. Mais quand j'observe leur visage intérieur, ils ont l'air de serpents venimeux. Il suffit qu'ils se heurtent à la moindre difficulté ou au plus petit obstacle, pour que leur véritable mentalité se fasse jour. Comme le serpent qui a l'air si lisse et placide, alors qu'il est toujours prêt à mordre, ces gens-là sont prêts à s'en prendre à quiconque les gênera.»

Ce n'est pas que le serpent soit intrinsèquement mauvais, mais la peur, la haine et l'ignorance l'ont conditionné à tuer à chaque fois qu'il se sent menacé. Il en va un peu de même pour nous: le mal qu'on peut voir en soi est le produit de l'ignorance — la méconnaissance de la véritable nature des choses. Or, on peut, et on doit, transformer cette ignorance en sagesse, en portant son regard vers l'intérieur, en tournant l'esprit sur lui-même. Ce qui débouche automatiquement sur des rapports plus sains, plus faciles et plus féconds avec le monde qui nous entoure.

Cela dit, il est important de faire preuve de modération et de bon sens par rapport à ce qu'on va découvrir dans le miroir. Il ne sert à rien de se laisser obnubiler par ses défauts, c'est tout aussi vain et nocif que ne voir que le bon côté de soi. Si l'on s'appesantit trop sur ses travers, on risque de sombrer dans la dépression et de désespérer de tout. On doit pouvoir s'examiner objectivement dans le miroir, sans condamner ce qu'on y voit, et sans vouloir casser la glace en mille morceaux. A l'inverse, inutile d'ignorer ses défauts ou de les refouler, ce qui ne ferait que les renforcer en nous mettant constamment sous pression, prêts à exploser à la moindre occasion.

L'armement atomique est un sujet qui déclenche la colère de bon nombre d'entre nous, et on ignore cependant que notre esprit est constamment le siège d'une sorte de réaction nucléaire. Chaque jour, l'ego génère des mégatonnes d'orgueil, de jalousie, de colère, de désir et de haine, qui sèment la panique et la tension tous azimuts et font des dégâts terribles en nous et chez les autres. Il est clair que ce n'est pas en enfouissant les armes nucléaires dans le sol, ou en se contentant d'en souhaiter la disparition qu'on les rendra inoffensives. Si l'on veut neutraliser les forces de destruction stockées en soi, il faudra faire preuve d'énormément de doigté et d'habileté pour les désamorcer et les démanteler. On devra faire appel à la connaissance et à la compassion, accompagnées d'une bonne dose de patience et de détachement. Sans oublier un zeste de décontraction et d'humour...

Ce qu'on va découvrir en contemplant le «miroir» nous sera très utile pour la suite de notre cheminement spirituel, mais le plus important, au départ, est que cette sagesse toute neuve ne reste pas lettre morte. Il faut l'intégrer à son expérience et en nourrir constamment son quotidien. Si l'on n'applique pas à son vécu la sagesse et la compassion qui viennent de s'éveiller en soi, on se sera simplement offert un nouveau masque.

Une technique n'a de valeur que si on est capable de l'appliquer à la réalité concrète d'une situation. Même si vous avez une parfaite connaissance théorique de la mécanique, vous ne serez pas capable de dépanner votre voiture avant d'être vous-même passé à la pratique en mettant les mains dans le cambouis. Les techniques de maîtrise de l'esprit ne vous serviront à rien si elles restent des abstractions théoriques; elles n'ont de valeur que si elles s'incarnent dans la réalité quotidienne et la nourrissent. A quoi rime, par exemple, de passer une heure à méditer sur la jalousie pour essayer de s'en débarrasser, si, aussitôt la séance terminée, on saute sur le moindre prétexte pour refaire une scène de jalousie à son conjoint.

On pourrait passer sa vie à collectionner les enseignements de toutes sortes, avec les meilleures intentions du monde: ils ne serviront pas à grand-chose, tant qu'on ne les appliquera pas à sa situation concrète. Notre éducation et nos capacités intellectuelles peuvent nous être d'une certaine utilité pour comprendre ce qui nous arrive dans la vie de tous les jours, et nous aider à le gérer. Mais il est infiniment plus important d'avoir l'esprit ouvert, prêt à accepter ce qui se présente et à y faire face. Le progrès spirituel n'est pas une question de niveau intellectuel ou culturel: au Tibet, il n'était pas rare que des gens très simples, qui ne savaient ni lire ni écrire, atteignent un état d'éveil complet de l'esprit.

Chacun porte en soi le potentiel de l'éveil spirituel. Si l'on ajoute à cela la grande richesse d'expériences que nous possédons tous, on a là toute la matière première nécessaire au développement spirituel, pourvu qu'on l'exploite. Car si on ne sait pas s'en servir, cela revient au même que de ne rien avoir. Un homme riche qui n'entend rien au bon usage de l'argent aura plus de problèmes que quelqu'un de modeste qui saurait tirer le meilleur parti possible de chaque sou. Autre exemple: imaginez que vous vouliez faire démarrer votre voiture. Elle ne part pas: la batterie est à plat. Vous avez bien cent batteries de rechange dans votre garage, mais vous avez également oublié de les recharger. Tout ce potentiel d'énergie que vous possédez est inutile, parce qu'inutilisé, et vous n'arriverez pas à partir. D'où l'importance d'être vigilant et de profiter de ce qu'on a devant soi.

Pour revenir à notre miroir, il ne s'agit pas simplement d'y contempler son image, encore faut-il passer à l'acte. Ce n'est pas en se bornant à constater qu'on est jaloux, ou coléreux, que ça passera... Il faut faire preuve de persévérance et de lucidité pour apprendre à identifier, puis neutraliser ses poisons intérieurs et les états mentaux qui en découlent et qui nous créent un monde si difficile à vivre. S'il nous est impossible de contrôler le monde extérieur, on peut tout au moins faire échec à ces fauteurs de troubles que sont la colère, l'orgueil, le désir, la haine et la jalousie. A mesure qu'on progressera dans ce sens, on sentira s'estomper cette impression de conflit permanent avec les choses et les gens qu'on avait jusqu'alors, et nos problèmes et nos souffrances diminueront d'autant. Quand on cesse de se battre contre soi-même, on n'a plus à lutter contre le reste du monde. Si on sait s'accepter tel qu'on est, on est capable d'accepter le reste du monde et ceux qui le partagent avec nous. Il n'y a plus d'énergie gaspillée en conflits intérieurs ou extérieurs ; tout ce qu'on fait, à tous les niveaux, s'intègre à notre itinéraire spirituel, et profite aux autres en même temps qu'à nous-mêmes.

En attendant, mieux vaut éviter de tomber dans un excès d'introspection en se polarisant trop sur soi-même et sur ses problèmes personnels. Pour garder la mesure des choses, il est utile de ne pas perdre de vue l'altruisme de sa motivation initiale : se souvenir qu'on a décidé d'entreprendre ce travail sur soi-même afin de trouver assez de ressources en soi pour être capable d'aider les autres. Une telle attitude nous donnera un point de référence objective et nous évitera de trop nous replier sur nous-mêmes. On portera un regard plus lucide sur les choses, en les voyant pour ce qu'elles sont, et on percevra mieux ce qui ne va pas dans sa vie. On apprendra à changer ce qu'il est possible de changer, et à accepter l'inévitable.

Il n'est pas forcément agréable ou confortable de vivre en face d'un miroir, mais le jeu en vaut la chandelle pour nous aider à comprendre nos difficultés et à les résoudre. Normalement, on aurait plutôt tendance à juger les autres et à essayer de les faire changer. C'est pourquoi on peut être un peu effrayé, de prime abord, par cette nouvelle manière d'envisager ses rapports avec le monde : au lieu d'attendre que les choses changent de l'extérieur, on se prend soi-même en main. Au début, on aura sans doute un peu peur de l'inconnu, c'est bien normal, mais ce n'est pas aussi difficile que cela en a l'air : il suffit d'accepter de faire connaissance avec soi-même, de lier amitié avec soi, comme un bon dresseur qui doit d'abord gagner la confiance du tigre avant de pouvoir l'apprivoiser. Une fois qu'on aura su établir de vrais rapports avec soi, on s'apercevra peut-être qu'on a beaucoup moins de problèmes qu'on ne le pensait, et que ceux qui restent peuvent se régler assez facilement.

Cela ouvre des perspectives qui valent la peine qu'on s'investisse dans ce travail sur soi. En apprenant à dompter son esprit, on se donnera la capacité de résoudre ses propres problèmes. Existe-t-il une alternative? Oui, si l'on préfère rester indéfiniment en état de conflit permanent avec le reste du monde, en continuant à mettre tout ce qui ne va pas sur le dos des autres ou des circonstances. Si c'est effectivement cette solution-là qu'on choisit, il faut s'attendre à s'empoigner avec plusieurs milliards d'individus... Tout un programme! A ce compte-là, apprivoiser son propre esprit devient une solution d'une séduisante simplicité...

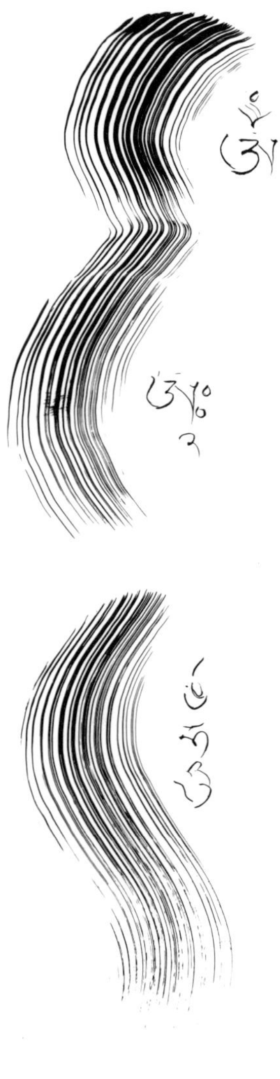

Chapitre VII

CORPS, PAROLE, ESPRIT: LES TROIS PORTES DE LA RÉALITÉ HUMAINE

C'est très bien d'aider les autres, si on le peut; mais si on ne peut pas, qu'on essaie au moins de ne pas leur faire de mal.

Le Quatorzième Dalaï-Lama

Quand on souffre et que les choses vont mal, on a tendance à se dire que c'est la faute des autres ou des circonstances. C'est plus commode et moins gênant que de se demander si, après tout, on n'y serait peut-être pas soi-même un peu pour quelque chose. Pour savoir d'où vient la souffrance, il faut d'abord comprendre les mécanismes de notre perception du monde. C'est à travers le corps, la parole et l'esprit, les trois composantes de notre individualité humaine, que nous communiquons avec notre environnement et que nous nous en formons une représentation.

Qu'on soit jeune, en pleine maturité ou d'un âge avancé, on a tous un corps de chair et d'os, de sang et de toutes sortes d'autres substances — un organisme complexe capable d'une multitude de sensations. On dispose également de la parole, cette capacité de parler et de communiquer au moyen de sons et de mots. Enfin, on est aussi doué de ce créateur de nos pensées et de nos sentiments, bons ou mauvais, qu'on appelle l'esprit. En ce qui nous concerne actuellement, le corps, la parole et l'esprit sont des réalités tangibles dont on fait l'expérience quotidiennement.

Le corps est l'instrument de notre activité, et il s'exprime par le mouvement. La parole produit les sons et les mots qui véhiculent ce qu'on veut exprimer. Quant à l'esprit, c'est lui qui anime les deux autres ; il est la source de tout ce qu'on porte en soi de bon et de mauvais. Le corps et la parole sont un peu les pantins de l'esprit. Logiquement, cela voudrait dire qu'on peut leur faire faire ce qu'on veut, au gré de ses désirs. En fait, ça ne se passe pas du tout comme cela : on a tellement pris l'habitude de manipuler les gens et les événements qu'on a presque oublié les ficelles qui reliaient le corps et la parole à l'esprit, en nous-mêmes. Si bien qu'elles se sont distendues, et que le pantin ne répond plus très bien. On sent bien qu'il y a quelque chose qui cloche, on n'est pas satisfait du fonctionnement de la marionnette. On se sent frustré.

Idéalement, le corps devrait fonctionner en harmonie avec l'esprit, sans qu'il y ait de clivage entre eux. Mais, en réalité, si on se laisse aller à suivre les penchants les plus élémentaires de son corps, on risque de tomber dans une sorte de matérialisme axé sur la sensualité, dont il sera très difficile de s'extirper. Ce risque existe pour tout le monde, les faibles comme les forts, et il signifie la perte de sa liberté. Pour éviter un tel écueil, on doit retrouver l'usage des ficelles de la marionnette, et apprendre à la manipuler plus intelligemment, d'une manière qui corresponde mieux à nos aspirations réelles. A l'inverse, il ne faudrait pas tomber dans la répression systématique et aveugle de ses besoins physiques, car ils sont l'expression d'une certaine sagesse instinctive du corps. On peut apprendre à faire la différence entre ces messages naturels et utiles, et les caprices de nos sens.

Notre corps est un puissant moyen de communication. Si on voit arriver un chien et qu'on tend la main, l'animal s'approchera, s'attendant à ce qu'on le caresse ou qu'on lui donne quelque chose à manger. Si, au contraire, on avait levé la main quand il est arrivé, il est probable que le chien aurait rebroussé chemin, de peur qu'on ne lui fasse du mal. De même, le moindre de nos gestes affecte ceux qui nous entourent — et la même chose est vraie de ce que l'on peut dire ou penser. Tout ce qui émane de nous constitue une sorte de signal pour les autres. Il suffit de regarder un peu autour de soi pour s'en rendre compte. Quelque chose d'aussi simple que notre démarche, par exemple, véhicule un ensemble de signaux aux autres, que ce soit de façon délibérée ou inconsciente de notre part. Quelqu'un qui a du mal à marcher donne à penser qu'il a des rhumatismes ou qu'il a eu un accident à un moment ou à un autre de sa vie. Si l'on voit passer une femme — ou un homme — à la démarche élégante, on aura tendance à trouver ça sexy et à y lire une invite personnelle, alors que le passant ignore vraisemblablement tout de cette interprétation de ses mouvements. C'est pourquoi il est nécessaire d'être attentif à ses mouvements et à ses attitudes corporelles si l'on veut que les autres perçoivent nos bonnes intentions à leur égard. Il faut rester vigilant, sachant que chaque geste affecte ceux avec qui l'on se trouve, et peut susciter des réactions de leur part.

Autant qu'à ses gestes, il faut faire attention à ses paroles. On doit toujours être très vigilant, tant par rapport à ce qu'on dit qu'à la manière de le dire. Le ton de la voix importe autant que le choix des mots. Des choses gentilles dites sur un ton sympathique auront un effet encourageant et réconfortant. On peut même soulager un peu quelqu'un qui souffre beaucoup si l'on sait trouver les mots qu'il faut pour le rassurer, ou grâce au pouvoir thérapeutique d'une prière ou d'un mantra. Autant que ce qu'on dit, c'est la façon de le dire qui est importante.

Derrière chacun de nos actes et chacune de nos paroles, il y a l'esprit. Peu importe de savoir où il se trouve — les uns le localisent dans le cerveau, les autres ailleurs. Là n'est pas la question pour l'instant. L'important, c'est de reconnaître que notre esprit est la source de tout ce qu'on peut dire ou faire. Il est capital de comprendre cela car, si l'on veut progresser et améliorer la qualité de ses paroles et de ses actes, il faudra bien remonter à la source et s'occuper de son esprit, même si celui-ci est dépourvu de forme matérielle et de localisation physique — ses effets ne s'en font pas moins sentir concrètement.

S'il est relativement facile de prendre conscience des manifestations les plus évidentes du machiavélisme de notre coquin d'esprit, il est beaucoup plus délicat de se garder de ses manœuvres les plus subtiles. Quand on regarde un film plein de violence à la télévision, cela peut sembler un passe-temps anodin, mais si l'esprit s'identifie au spectacle de tortures et de meurtres qui lui est présenté, notre tendance à la cruauté risque d'en être renforcée, à notre insu.

Il est probable que, jusqu'à présent, nos activités et nos paroles ont pour la plupart été inspirées par un esprit égoïste et égocentrique devenu d'autant plus fort et puissant qu'il n'a rencontré aucune opposition de notre part: qu'on ne l'ait pas voulu ou qu'on ne l'ait pas pu. On est peut-être pas encore très convaincu actuellement de son existence, mais un jour ou l'autre il faudra bien se rendre à l'évidence, aller débusquer ce dictateur et se confronter à lui. Il faudra l'assumer et apprendre à le gérer tel qu'il se présentera à nous. On pourra lui dire: «Eh toi! Ça fait trop longtemps que tu me domines, que tu conditionnes mon corps et mes paroles. Tu m'as fait assez de tort et de mal. Maintenant, c'est moi qui vais te dompter!» On ne fera aucun réel progrès tant qu'on n'aura pas renoncé à son ego ou qu'on ne l'aura pas transformé. Cette tâche accomplie, en revanche, les choses se mettront à bouger dans le bon sens. La méditation peut contribuer à ce processus en nous donnant le recul nécessaire pour y voir plus clair. En méditant, on commencera à comprendre ce qu'est l'esprit et comment il fonctionne, tant en lui-même qu'à travers ses moyens d'expression que sont le corps et la parole.

Jusqu'à présent, nous avons envisagé le corps, la parole et l'esprit séparément. En réalité, ils sont évidemment interdépendants et le voyage spirituel n'aura pas lieu s'ils n'avancent pas tous les trois ensemble. Il faudra donc travailler simultanément à trois niveaux, s'efforçant de gommer tout ce qui peut avoir un effet négatif ou nocif, et au contraire d'augmenter tout ce qui peut être positif ou bénéfique pour soi et pour les autres. C'est la compassion qui assurera la coordination du corps, de la parole et de l'esprit vers un but commun. Elle leur servira de moteur et unifiera leurs dynamiques, de sorte que corps, parole et esprit agiront et évolueront toujours en harmonie, à tous les niveaux.

Les exercices présentés dans la deuxième partie de ce livre sont destinés à donner une base pratique à ce travail. Quand on aura progressé dans la purification du corps, de la parole et de l'esprit, on pourra peut-être aller un peu plus loin, et se rendre compte qu'ils sont en réalité dépourvus de substance propre et d'existence indépendante. On comprendra que le corps est comparable à un arc-en-ciel, la parole à un écho, et l'esprit à une image reflétée dans l'eau. Mais il faudra bien sûr pas mal travailler avant d'en arriver là...

Right Conduct

Chapitre VIII

LA DIMENSION ÉTHIQUE DE LA VIE: *LA «CONDUITE JUSTE»*

S'abstenir de faire le mal,
Pratiquer la vertu,
Et bien dompter son esprit,
Voilà la doctrine du Bouddha.

Gautama Bouddha

Ces quelques lignes renferment l'essence de la philosophie du Bouddha. Elles résument de manière concise, mais complète, un enseignement qui peut avoir un sens pour chacun, quel que soit son niveau de développement spirituel. A première vue, le conseil paraît simple — voire simpliste, penseront certains — mais, pratiquement, il est loin d'être facile de toujours s'abstenir du mal pour ne faire que le bien. Quant à dompter l'esprit, cela requiert une bonne dose de patience et d'habileté. Pourtant, il ne faudrait pas se décourager, car on a tout à gagner à suivre de tels conseils. Les bienfaits en sont inestimables. Une «conduite juste» est source de bonheur pour soi et pour les autres, et tant qu'on y adhère, on peut être sûr d'être sur la bonne voie.

Nous sommes tous à la recherche du bonheur, même si beaucoup d'excès et de bêtises sont souvent commis en son nom. On va jusqu'à tuer, tromper ou voler les autres en croyant poursuivre son propre bonheur. Si l'on n'a pas d'éthique pour guider ses actes, qui nous dit qu'on n'est pas actuellement responsable de la souffrance d'un autre, sans compter celle qu'on se prépare à soi-même, par la même occasion ?

Quelle est la cause de nos mauvaises actions? Elles découlent de notre ignorance de la nature des choses qui nous fait croire en l'existence d'un ego ou d'un soi individuel. Le moi nous est très cher, et, par extension, on est aussi très attaché à tout ce qui s'y rapporte. On s'accroche à ce qu'on possède et aux gens qu'on aime, à des sensations agréables. Et c'est à partir de cette notion d'ego et de la possessivité du moi que se développent l'orgueil, l'avidité, la jalousie, l'envie. D'un autre côté, on déteste tout ce qui est susceptible de s'opposer à notre vision égocentrique, à notre impression d'être le nombril du monde, et c'est ainsi que naissent l'intolérance, la colère et la haine.

L'idée du moi est évidemment un concept commode et même utile dans la vie de tous les jours, mais il faut savoir que, sur le plan de la vérité absolue, il n'a pas d'existence propre, pas de réalité indépendante. Cela devient évident quand on comprend l'interdépendance de tous les phénomènes et leur nature relative et conditionnée.

C'est donc l'ignorance et l'erreur qui sont causes de nos fautes et qui créent des ennuis à tout le monde. A l'inverse, la rectitude morale améliore la qualité et la valeur de la vie, pour nous-mêmes et pour les autres. Elle favorise la connaissance de soi et la maîtrise de l'esprit, permettant ainsi de mieux guérir des séquelles de ses erreurs passées.

Parmi les différents moyens d'évaluation de ses actes, il y en a un qui est assez commode : on considère que tout ce qui est vertueux est positif, tout acte malfaisant étant négatif. Chaque jour, on fait le bilan du positif et du négatif, le but de l'exercice étant de minimiser le premier et de maximiser le second, pour arriver finalement à ne plus avoir que du positif. Chaque matin, on consolide sa motivation en réaffirmant sa volonté de bien agir et d'éviter de faire mal aux autres, et on essaie de garder cette idée présente à l'esprit toute la journée, qu'on travaille, qu'on s'amuse ou qu'on se détende, seul ou avec d'autres. On se la remémore à tout instant, on en fait le fil conducteur de tout ce qu'on fait, de tout ce qu'on dit ou pense. A vivre avec l'idée du bien-être des autres en tête, même la plus humble tâche se trouve valorisée, empreinte d'une nouvelle dignité.

Le soir, avant de s'endormir, on fait le bilan de sa journée, en évaluant ses actes, ses paroles et ses pensées. Avec un peu de lucidité, on pourra juger soi-même de sa propre évolution sans avoir à consulter qui que ce soit. On apprendra à reconnaître ses tendances négatives et à voir comment elles se manifestent, grâce à quoi on pourra diminuer la fréquence de leur apparition. Simultanément, on saura identifier et stimuler les mécanismes positifs. Quant à tous les actes «neutres» qu'on est amené à faire quotidiennement (manger, se laver, marcher, dormir, etc.), il n'est pas nécessaire de s'en préoccuper pour l'instant.

Ce bilan quotidien ne doit pas être un simple exercice de style. On ne se bornera pas à constater ses fautes en se disant qu'on est un monstre, ou à renforcer sa bonne opinion de soi en se congratulant de ce qu'on a fait de bien. Le but de la manœuvre est d'éradiquer ou de transmuter ce qu'il y a de moins bon en soi, tout en cultivant le meilleur de soi-même. Voilà comment réellement améliorer sa qualité de vie.

Encore faut-il savoir faire la distinction entre le bien et le mal. La tradition bouddhique définit la conduite éthique à l'aide de deux catégories: tout ce qu'on accomplit par le biais du corps, de la parole et de l'esprit fait forcément partie des «dix actes justes» ou des «dix actes nuisibles». Depuis plus de deux mille cinq cents ans que ces règles d'éthique sont appliquées, elles ont fait la preuve de leur utilité, et on peut constater aujourd'hui qu'elles n'ont rien perdu de leur pertinence.

Il y a dix actes nuisibles qu'il est conseillé d'éviter: trois qui concernent le corps, quatre ayant trait à la parole, et les trois autres à l'esprit. En ce qui concerne les actes physiques, il s'agit de ne pas tuer un être, quel qu'il soit (1), de ne pas voler — ne pas prendre ce qui ne vous est pas offert (2) — , et de ne pas avoir une mauvaise conduite sexuelle. Ce dernier point s'entend dans le sens de ne pas forcer quelqu'un à avoir des rapports sexuels contre son gré ou son désir, et de ne pas amener quelqu'un à enfreindre ses vœux religieux ou à rompre des engagements déjà existants avec une autre personne.

Quatre actes nuisibles ont trait à la parole. Il est mauvais de mentir, d'induire délibérément quelqu'un en erreur en disant ce que l'on sait être faux (4). Il faut éviter de dire des choses qui peuvent semer la discorde et la zizanie entre des amis ou des gens qui s'entendent bien, et risquer de les amener à se séparer (5). On s'abstiendra également de dire du mal des autres, de les dénigrer ou de les insulter, de les humilier en étalant leurs fautes au grand jour (6). Enfin, mieux vaut ne pas parler pour ne rien dire, ne pas passer son temps en bavardages futiles et inutiles (7).

Les trois derniers actes nuisibles relèvent de l'esprit. Or, l'esprit est le plus important, car c'est lui qui détermine la qualité de tout ce qu'on peut faire ou dire. Qu'aujourd'hui on laisse s'enraciner une pensée négative, et on peut être sûr qu'on en récoltera bientôt les fruits douloureux, quand cette pensée empoisonnée aura mûri et qu'elle commencera à influer sur nos actes et nos paroles. C'est pourquoi il y a trois tendances négatives qu'il faut absolument éviter de laisser se développer dans son esprit. La première est l'envie, quand on convoite ce que possède le voisin, qu'il s'agisse de sa femme, de sa voiture ou de sa position sociale (8). Ensuite vient l'inimitié, le désir de nuire et de faire du tort ou du mal aux autres, par n'importe quel moyen (9). Enfin, on ne devrait jamais mettre en doute les lois de la causalité — l'inévitabilité du lien qui existe entre une cause et son effet (10). Toute cause a son effet propre, et on récolte toujours ce qu'on a semé, le bon grain comme l'ivraie.

On peut se demander pourquoi il est si important d'éviter ces actes nuisibles. La réponse est simple : en les commettant, on ne fait que créer ses propres souffrances futures, et donc se priver du bonheur et de la paix qu'on recherchait. En fait, c'est un très mauvais calcul : si on agit n'importe comment, qu'on est prêt à passer sur le corps des autres sous prétexte de s'adonner à un bonheur sans entraves, il faudra bien payer les pots cassés — assumer les conséquences de ses erreurs. Ce ne sera pas le bonheur, mais de graves ennuis et des souffrances qu'on aura amenés sur soi : qui sème la haine récolte la tempête. S'abstenir des dix actes nuisibles, c'est s'éviter beaucoup de problèmes, puisqu'on cesse d'en créer soi-même une bonne partie ; automatiquement, les choses iront mieux pour nous et pour les autres. Mais comme il s'agit de changer ses habitudes, on doit apprendre à rester vigilant par rapport à ce qu'on fait, à ce qu'on dit et à ce qu'on pense.

Parallèlement, on s'efforcera de cultiver les dix actes justes qui sont exactement le contraire, et l'antidote, des dix actes nuisibles. Au lieu de tuer, on essaiera de respecter et de préserver la vie sous toutes ses formes. Plutôt que de prendre ce qui ne nous a pas été offert, on partagera ce qu'on a, même si c'est peu de chose. Au lieu de se permettre n'importe quoi, on cultivera la probité dans ses rapports personnels et sexuels.

En ce qui concerne la parole, on s'efforcera de dire la vérité et d'être honnête, de réconcilier et de rapprocher les gens qui se sont querellés ou qui ne s'entendent pas, de dire du bien des autres — si on doit parler d'eux —, et, d'une manière générale, d'utiliser la parole à bon escient.

Sur le plan mental, plutôt que d'envier toujours les autres, on se réjouira de leur bonne fortune ; on s'efforcera de leur vouloir du bien ; et on cherchera à mieux comprendre les lois de la causalité et à les accepter.

Cette classification des dix actes nuisibles et des dix actes justes représente une base éthique utile pour tous ceux qui veulent vivre une vie de rectitude, qu'ils soient bouddhistes ou non. Si l'on sait mieux maîtriser son comportement, on risquera moins d'enfreindre les règles du jeu de la vie en collectivité et d'offenser les autres ou de leur faire mal. On aura donc de meilleurs rapports avec eux et notre univers personnel sera nettement plus vivable. Qui plus est, on aura le réconfort de savoir qu'on n'est plus sans cesse en train de créer son propre malheur et celui des autres.

Cela dit, même si on a fait soi-même beaucoup de progrès,

il est absolument indispensable de se garder de juger les autres et de s'attarder sur les défauts qu'on leur trouve. Si l'on s'intéresse trop à ce qu'ils font, à ce qu'ils peuvent dire ou penser, ou si l'on se compare toujours à eux, on risque de conforter son orgueil, ou, au contraire de se décourager. On ferait beaucoup mieux de s'occuper de dompter son propre esprit, en visant les objectifs supérieurs que nous proposent les enseignements. Pas la peine de chercher des réponses hors de soi : il suffit de regarder en soi pour y trouver des indications des progrès qu'on a déjà faits, ou du travail qui reste à faire.

Un excellent étalon de mesure de notre évolution consiste à examiner l'attitude qu'on a vis-à-vis des défauts des autres. Plus l'esprit est bien dressé, et moins on trouve de défauts aux autres. Inversement, moins il est apprivoisé et plus on a tendance à penser que rien n'est de sa faute. Quand on a une attitude et une motivation positives, on a plutôt tendance à prendre les choses du bon côté ; alors que, quand l'égoïsme et l'ignorance s'en mêlent, on a une perception beaucoup moins satisfaisante du monde, car elle reflète nos propres défauts. Tout comme la beauté, la pureté se trouve dans l'œil de celui qui regarde l'objet.

Il est nettement plus simple de s'adapter au monde que d'essayer de l'infléchir dans le sens qui nous convient. Imaginons par exemple que toute la surface de la Terre soit recouverte d'orties et de ronces, au point de ne plus savoir où poser les pieds, ce serait une tâche interminable et quasi impossible que de tenter de tout couper. En revanche, il suffirait de se mettre une bonne paire de grosses chaussures aux pieds pour pouvoir aller n'importe où. La même chose est vraie de l'esprit : une fois qu'on l'aura dressé, on aura nettement moins de mal à assumer tout ce qui nous arrive, intérieurement et autour de nous, et à y faire face positivement.

Cela va radicalement changer notre manière de voir les choses, mais il ne faut pas s'attendre à ce que tout se fasse automatiquement, du jour au lendemain. Il faudra bien s'attendre à quelques ratés, au départ, ce qui n'est néanmoins pas une raison de se décourager, se mettre en colère ou s'autopunir. Au contraire, il faudra savoir être patient et garder une attitude de compassion vis-à-vis de soi-même, en essayant de tirer des leçons de ses erreurs. Nous nous engageons dans un processus de rééducation globale pour apprendre à faire face à n'importe quelle situation, aussi dure soit-elle, et pour devenir capables de rapports plus authentiques et plus équilibrés avec les autres.

L'attitude qu'on adopte quand les choses vont mal a une très grande importance. S'il n'est en effet pas très difficile de rester égal à soi-même devant le succès et le bonheur, cela se complique singulièrement en cas d'échec ou de malheur. Pour certains, il faudra se ressaisir et rester ferme avec soi, afin de pouvoir tirer les leçons de ses erreurs et éviter qu'elles se rééditent. Pour d'autres, il faudra prendre la manière douce et réfléchir tranquillement à ce qui n'a pas marché. Ce qui prouve à quel point il est important d'apprendre à bien se connaître pour trouver le meilleur moyen d'évoluer positivement sur tous les fronts : corps, parole, esprit.

A mesure que notre conduite s'améliorera et que nos mauvaises tendances se transformeront, on constatera peut-être, parallèlement, une recrudescence de ses pulsions négatives ou des tentations de se laisser distraire. Ce n'est pas mauvais signe, au contraire : le soleil projette une ombre plus épaisse quand il brille très fort que quand il est timide ou voilé. En d'autres termes, plus le côté positif de soi-même se renforce, et plus on en perçoit le négatif, par contraste. Il n'y a donc pas de quoi être surpris ou alarmé si cela nous arrive. Il suffit de continuer à faire de son mieux.

Pour les néophytes que nous sommes pour la plupart, il est utile d'apprendre à discerner le bien du mal, le positif du négatif, et de reconnaître qu'il est nécessaire de discipliner son esprit. Ce sont là des concepts dualistes, certes, mais ils sont indispensables au départ, car ils nous fournissent des instruments de travail et indiquent la direction à suivre. Plus tard, quand on aura déjà progressé dans la voie spirituelle, on n'aura plus tellement besoin de faire directement référence à ces notions, notre évolution se fera spontanément dans le bons sens. Grâce aux nouveaux réflexes mentaux qu'on aura acquis, notre activité à tous les niveaux — physique, verbal et mental — sera automatiquement bénéfique aux autres. C'est un peu comme quand on apprend à conduire: au début, il faut faire très attention à chaque geste et à chaque manœuvre. Mais quand on a pris l'habitude de conduire, on n'a pas besoin de réapprendre toute la théorie à chaque fois qu'on veut aller quelque part, et on peut même parler avec ses passagers et remarquer le paysage, tout en conduisant. Grâce aux automatismes qui se seront formés en apprenant à dresser l'esprit, la conduite éthique deviendra une seconde nature.

Un dernier point très important: on doit apprendre à faire confiance aux méthodes spirituelles qu'on utilise et ne pas céder à la tentation de tout laisser tomber dès qu'on éprouve la moindre petite difficulté. Les enseignements dont sont tirés ces méthodes sont totalement fiables, tant sur le plan théorique — de par la vérité des principes sur lesquels ils reposent — que pratique: le Bouddha, et après lui des générations d'hommes et de femmes en ont éprouvé les techniques et goûté les fruits. A nous de les intégrer à notre quotidien, de les faire vraiment nôtres. Si c'est le cas, toute notre vie sera transfigurée: notre activité profitera automatiquement aux autres, sans nuire à personne. On deviendra aussi soi-même un des maillons de la chaîne qui assure la transmission de cette tradition spirituelle de génération en génération.

Question: *On peut se demander pourquoi on devrait s'astreindre à respecter des règles de bonne conduite, alors que certains qui font le contraire n'ont pas l'air de s'en trouver plus mal pour autant, loin de là. On voit souvent des individus peu recommandables devenir très riches et très puissants, alors que des gens très bien restent pauvres toute leur vie.*

Réponse: Il est possible que les gens qui fraudent et qui trichent s'enrichissent beaucoup, mais cela ne veut pas dire pour autant qu'ils soient heureux. La véritable richesse est de vivre en étant satisfait de ce qu'on a, en sachant apprécier tout ce qui vous arrive. Cette richesse-là vous suit partout, où que vous soyez, quelle que soit votre situation. Même si on vit dans la rue et qu'on couche sous les ponts, dans une boîte en carton, on peut avoir ce sentiment-là, l'impression que cela vous suffit. N'ayant plus rien à perdre, on n'a plus de souci de ce côté-là : on ne va pas trembler à la perspective que quelqu'un puisse vous prendre votre carton, il y en a d'autres... Ce n'est pas parce qu'on possède beaucoup de choses qu'on est riche, au véritable sens du terme. Mais si l'on sait agir de manière juste et qu'on sait apprécier ce qu'on a, alors on est vraiment riche.

Question : *Il semble qu'il y ait différentes manières d'expliquer la pratique de la conduite éthique. On dit généralement qu'il s'agit de cultiver les actes positifs et de se débarrasser de ceux qui sont négatifs, voire de les éradiquer. Mais, parfois, sur certains points particuliers, il arrive qu'on nous conseille de ne pas nous battre avec nous-mêmes ou avec ce qu'il y a de négatif en nous, mais de regarder cet état mental tel qu'il est, dans sa spécificité propre. Pourriez-vous en dire plus sur ces deux démarches ?*

Réponse : La démarche qui convient est fonction du niveau de développement de chacun, selon qu'on est encore un débutant, un peu plus avancé ou très évolué. Pour un débutant, il est très important d'apprendre à ne pas cultiver l'aspect négatif de sa pensée, de ses paroles et de ses actes, et à ce stade-là, il serait complètement vain de les regarder et de les accepter. L'esprit n'est pas encore assez mûr pour cela. C'est au contraire le moment d'éliminer le négatif et de cultiver le positif. Cette première démarche est essentielle pour la suite des opérations, car elle est le fondement indispensable de notre développement.

Le deuxième stade correspond au moment où, ayant appris à faire face aux aspects négatifs de soi-même, on ne les évacue pas purement et simplement, mais on est capable d'en reconnaître et d'en apprécier la spécificité.

Le troisième stade est celui où, l'esprit ayant atteint sa

maturité, plus rien n'est exclu de la pratique spirituelle : tout ce qui nous arrive s'y intègre automatiquement et vient nourrir notre évolution. Il se peut que certains aient déjà suffisamment de maturité spirituelle pour se dispenser des étapes préliminaires. En tout cas, quel que soit par ailleurs son propre niveau de développement personnel, l'important reste de ne jamais nuire aux autres et de toujours s'efforcer d'agir, de parler et de penser d'une manière qui leur soit bénéfique.

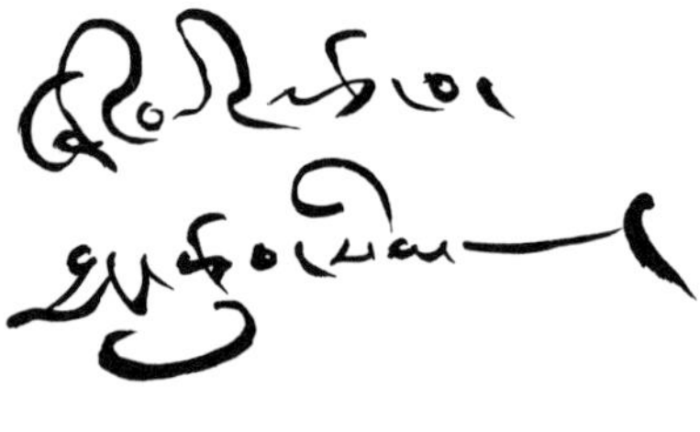

Chapitre IX

RÉVEILLER SON CŒUR: *LA COMPASSION*

Afin d'aider tous les êtres, pris dans des souffrances qu'ils croient inévitables, revêtons la tendre armure d'une compassion qui ne se borne pas à l'humanité, mais qui embrasse tout être, visible ou invisible.

Le 16ᵉ Gyalwa Karmapa

Il existe un trésor que tous les êtres ont le privilège de partager: c'est de porter en soi le potentiel de la perfection, de l'état d'éveil de l'esprit. C'est ce qu'on appelle dans le bouddhisme Mahayana[1] la «nature de Bouddha»: l'esprit

1. Bouddhisme Mahayana: on distingue trois aspects du bouddhisme: le Hinayana, le Mahayana et le Vajrayana. Le Hinayana s'appelle aussi bouddhisme Théravada (la voie des Anciens); le mot *hina-yana,* souvent traduit par «petit véhicule», qualifie une voie de pratique du bouddhisme qui met surtout l'accent sur le salut individuel à travers la discipline et la maîtrise de l'attention. Tout en reprenant les analyses de base et les techniques du Hinayana, le Mahayana, ou «grand véhicule» propose une voie résolument altruiste, pour ceux qui se sentent le courage de prendre sur eux la responsabilité d'aider les autres à trouver le salut. (Plutôt que «véhicule», *yana* signifie «la capacité de porter un poids».) Le Mahayana pose le principe que chaque être est doué d'un potentiel de perfection, «la nature de Bouddha». Le développement de ce potentiel de sagesse et de compassion qu'on a en soi est la priorité numéro un du Mahayana qui propose l'idéal du *Bodhisattva*: on ne cherche pas à se libérer seul de la souffrance,

est naturellement doué de toutes les qualités, dont la connaissance, la sagesse, l'amour et la compassion, et celui qui découvre cela en lui et arrive à pleinement exprimer ce potentiel est un «être éveillé» — une des significations du mot Bouddha —, éveillé du sommeil de l'ignorance. Toutes ces qualités sont actuellement présentes en chacun de nous, à l'état de potentiel dans notre esprit, et c'est l'ignorance — la méconnaissance de la nature réelle des choses — et toute l'accumulation d'impuretés qu'elle génère, qui les empêchent de se révéler dans leur plénitude active.

Cependant, si l'on se débarrasse progressivement de ces distorsions de notre perception et de nos sentiments, on se rendra compte que tous les êtres et toutes les choses de ce monde, y compris et à commencer par le moi, ne sont pas des entités autonomes, mais des phénomènes qui n'existent que de manière interdépendante. Dans ces conditions-là, il est clair que faire du mal ou du bien à quelqu'un, revient à se le faire à soi-même. Une fois qu'on aura compris que tout le monde possède le même potentiel de perfection — soi-même, ses amis et ses ennemis —, et souffre des mêmes obstacles à sa réalisation, on parviendra petit à petit à éprouver la même compassion pour tous.

Le fait de savoir que nous possédons tous en nous l'essence de la perfection est porteur d'un grand espoir: la compassion n'est pas quelque chose d'étranger ou d'extérieur à nous, une sorte de pièce rapportée qu'on aurait du mal à acquérir et à assimiler. Ce n'est pas une vertu propre à des saints éthérés ou à des extraterrestres, mais une force qui existe déjà en nous, qui fait partie de nous. Qu'on arrose et qu'on nourrisse cette graine avec persévérance, et elle va

mais on s'engage à aider tous les autres à le faire. Et c'est en reconnaissant la véritable nature de son esprit et de tous les phénomènes qu'on peut y parvenir. Le Vajrayana, ou voie du diamant, repose sur le Hinayana et le Mahayana et y ajoute des moyens et des techniques particulièrement efficaces pour parvenir à la reconnaissance de son potentiel de perfection. C'est cette forme de bouddhisme qui était pratiquée au Tibet. (N.d.T.)

germer, grandir et porter fruit. Il n'y a pas de doute possible: si vous vous efforcez de connaître l'esprit et de le dompter, la compassion se révélera et s'épanouira progressivement en vous — parce qu'elle était déjà là, potentiellement. Elle constitue l'essence même de votre être. Les textes classiques illustrent cela d'une image très parlante: si vous prenez du lait et que vous le barattez, vous obtiendrez du beurre, parce qu'il contient de la crème — de l'essence de beurre, en quelque sorte. Alors que vous pourriez remuer de l'eau pendant des siècles, vous n'en tireriez pas un gramme de beurre...

Chacun porte en lui sa petite étincelle de compassion. Même les égoïstes sont capables de s'occuper de leurs parents, de leurs enfants, de leur conjoint, de leur compagne ou de leur compagnon, et de leurs amis. Ce qu'on constate aussi dans le règne animal, où même un tueur comme le serpent ou le crocodile prend le plus grand soin de ses petits. Cependant, ce genre de compassion uniquement réservée à ses proches ou à son espèce exclut plus de gens qu'elle n'en inclut. Elle est donc très étroite, surtout si on la compare à la compassion sans limites dont tous sont capables, s'ils se donnent la peine de la laisser s'épanouir en eux.

Le pouvoir et les effets de la compassion sont à la mesure de son degré de développement. Plus elle est forte et profonde, et plus son impact et son rayon d'influence seront importants. Si l'on est capable de compassion universelle, on saura donner à chacun exactement ce qu'il lui faut, mais même avec un peu de compassion, on peut vivre beaucoup mieux soi-même et rendre les autres plus heureux.

Certains peuvent se demander en quoi la compassion peut contribuer à améliorer la qualité de la vie de chacun, individuellement, et de la société dans son ensemble. Au fur et à mesure que se développe la compassion, on s'émancipe peu à peu de l'emprise du désir et de la haine; on peut donc rendre sa famille et ses proches plus heureux, et ce bonheur des uns rejaillira sur les autres. Si de plus en plus d'individus éradiquent en eux-mêmes la racine de tous les conflits — l'égoïsme — en y substituant l'amour et la compassion, ce progrès se répercutera d'abord à l'échelle de la famille, puis de l'environnement proche, puis de la société dans son ensemble, et enfin au monde entier. La paix sociale et la paix dans le monde commencent dans le cœur de chaque individu.

Bien qu'on puisse imaginer ce que représente une telle compassion, on n'en est bien sûr pas encore là. Pour le moment, il est déjà assez difficile de se prendre soi-même en main sans être une charge pour les autres, et d'essayer de ne pas leur faire de mal. Mais quand on y arrive, ne serait-ce qu'un petit peu, cela représente déjà un grand pas en avant parce que c'est le fondement de tout progrès futur. En effet, comment éprouver de la compassion pour les autres, si l'on n'en ressent pas d'abord un peu pour soi-même?

C'est nécessairement un processus graduel que de faire croître en soi l'amour et la compassion: cent fois sur le métier remettez votre ouvrage... A force de patience et de persévérance, l'esprit doit arriver à prendre le pli de ses nouvelles bonnes habitudes, au point d'être capable de conserver une attitude d'amour et de compassion même lorsque tout va mal. On distinguera trois étapes dans cet apprentissage: premièrement, prendre conscience du fait que la souffrance est notre lot à tous; deuxièmement, cultiver l'ardent désir de mettre fin à ces souffrances; et troisièmement, ne pas se borner à faire un vœu pieux, mais passer à l'acte en aidant soi-même les autres à se libérer de leurs souffrances.

La première étape consiste donc à se rendre compte que nous sommes tous sujets à la souffrance. D'abord celle qui est inhérente à la condition humaine, indépendamment de la multiplicité des variantes individuelles. Chacun est confronté aux difficultés et aux peines inévitablement liées à notre existence en tant que système biologique: la naissance, la maladie, la vieillesse et la mort. Ce sont des données incontournables de la vie et personne n'y peut rien, quelle que soit l'intensité de notre désir de ne pas souffrir. Il n'y a nulle part où se cacher pour échapper à la fuite du temps — l'impermanence — et à son lot de peines. On est un condamné à mort en sursis dès l'instant de sa naissance.

A ces peines inhérentes à toute existence, et qui sont notre lot à tous, viennent s'ajouter les problèmes spécifiques à chaque individu. Quelle que soit la situation de chacun, personne n'est à l'abri. Les difficultés des pauvres sont évidentes : ils n'ont pas de quoi se loger ou même se nourrir et vivent dans l'angoisse de ne pas pouvoir offrir une vie décente à leur famille. Mais les riches ne sont pas épargnés pour autant. Ils ont leurs propres soucis, comme par exemple la peur de perdre leur argent, de se laisser corrompre par lui, de ne plus avoir de vrais amis qui les aiment pour eux-mêmes et non pour leur fortune. Qu'on soit intelligent ou borné, c'est aussi la même chose : les gens doués ont souvent beaucoup de problèmes, malgré — ou peut-être plutôt à cause — de leurs dons et qualités particulières, tandis que ceux dont les facultés sont plus limitées se sentent facilement dépassés par les événements les plus simples.

Il y a une chose importante à comprendre pour qui veut développer en soi la compassion : il n'est pas difficile de se sentir ému à la vue de ceux qui sont manifestement malheureux, mais ce n'est pas parce que les gens n'ont pas le profil type du pauvre ou du malheureux qu'ils ne souffrent pas, à leur manière. Qui plus est, celui qui a l'air de se complaire à empoisonner la vie des autres n'est peut-être pas pauvre ou malade, mais il est ignorant : c'est la pire des maladies, car c'est elle qui est la véritable source de toutes nos souffrances, à terme. Spontanément, on serait tenté de se mettre en colère contre cette sorte de gens ; or, c'est justement là qu'il faut cultiver la compassion, en comprenant que c'est moins par malveillance que par ignorance qu'ils nous font du mal. Un peu comme quand un serpent pique un enfant qui jouait dans l'herbe : le serpent n'avait pas l'intention délibérée de faire mal à cet enfant, mais il n'a pas compris qu'il n'avait rien à craindre de sa part. Il a agi aveuglément, sous l'effet de la peur et de l'ignorance.

C'est une réflexion qui nous sera très utile quand nous

aurons des ennuis avec une personne donnée, pour éviter de se laisser aller à la colère et, au contraire, se servir de la situation pour faire grandir sa compassion. Normalement, on aurait plutôt tendance à suivre sa pente naturelle d'humain ordinaire et égocentriste et à réagir dans le sens de nos intérêts. Or, pour qui cherche à développer en soi l'amour et la compassion, il est essentiel d'essayer de se mettre à la place des autres et de voir les choses de leur point de vue : ne pas faire aux autres ce qu'on ne voudrait pas qu'ils nous fassent, et leur donner autant de bonheur qu'on en désire pour soi-même. En se sentant *moins différent* de l'autre, il nous devient *moins indifférent*, et une certaine harmonie devient possible.

Une fois qu'on a compris que tous sont logés à la même enseigne — celle de l'éphémère et de la souffrance — on peut passer à la deuxième étape de notre démarche : cultiver l'ardent désir d'aider tout le monde à se libérer du joug de la souffrance. On n'exclut personne : la compassion à laquelle nous visons ici est impartiale et inconditionnelle, elle s'adresse à tout être, du simple fait qu'il existe et qu'il est susceptible de souffrir.

On aura peut-être du mal à s'imaginer ce que représente cette compassion sans limites, étant donné qu'on a plutôt l'habitude de faire le tri entre les quelques élus qu'on considère dignes de son « amour » et tous les autres, qu'on rejette dans un ghetto qui va de l'indifférence à la haine. La profondeur et la qualité d'un tel sentiment trouvent peut-être leur meilleur écho dans l'amour qui unit une mère à son enfant, à ceci près qu'il s'y ajoute une dimension d'impartialité et d'universalité : un amour inconditionnel qui embrasserait également tous les êtres.

Cela dit, l'amour entre parents et enfants n'est pas forcément un très bon exemple en Occident, où ces rapports sont beaucoup plus distants que dans les sociétés orientales. Ici, les parents ont plutôt comme idéal d'apprendre à leurs enfants à être autonomes ; on cherche à leur donner leur liberté le plus tôt possible. Le plus souvent, les bébés sont nourris au biberon, et les jeunes enfants dorment tout seuls, séparés de leur mère. Parfois, ils doivent rester seuls à la maison, quand leurs parents ne sont pas là, et il n'est pas rare qu'on leur donne des responsabilités qui excèdent leur âge. Devenus adolescents, ces enfants se lancent souvent trop vite dans le vaste monde et y laissent des plumes, comme de petits oiseaux tombés du nid pour avoir voulu s'en envoler trop tôt. La liberté peut se payer cher quand elle vient avant l'heure. Or, dans nos sociétés contemporaines, cette liberté est non seulement considérée comme une chose normale, mais souhaitable. Résultat : il y a de plus en plus de jeunes qui se sentent désemparés et désorientés, et c'est souvent parce qu'ils ont eu trop de liberté, trop tôt, qu'ils se tournent vers la drogue ou la délinquance.

Pour revenir à un aspect plus positif de notre exemple de l'amour entre parents et enfants, les traditions de la vie familiale sont encore bien vivantes dans de nombreux pays orientaux où tous les membres de la famille continuent à vivre selon les schémas ancestraux : on travaille ensemble, on mange ensemble, on s'amuse ensemble, on dort ensemble. Il existe une très grande intimité entre la mère et ses enfants, à qui elle se donne entièrement, à commencer par l'acte symbolique de la tétée, souvent prolongé beaucoup plus longtemps que dans nos contrées. Les enfants se sentent très sécurisés, stabilisés. C'est ce genre d'amour complet que nous visons en cherchant à développer en nous la compassion, avec en plus une dimension universelle : un sentiment offert à tous, sans exception, et sans conditions.

Une fois qu'on entrevoit un peu mieux la nature de la compassion, on peut entreprendre de la développer en soi. On pense à quelqu'un qui nous est très cher — en général, à sa mère, mais on peut aussi choisir quelqu'un d'autre si l'on éprouve des difficultés de ce côté-là — et on essaie d'abord de prendre conscience de toute la profondeur des sentiments qu'on ressent à son égard. Ensuite on s'imagine que sa mère — ou l'être aimé — est en train d'être torturé. C'est tout à fait insoutenable, insupportable, et l'on n'a qu'un seul désir : trouver le moyen de mettre fin à ces tortures le plus vite possible. Or, c'est exactement cela, la compassion : l'ardent désir de mettre un terme à la souffrance des autres. Au début, ce sera plus facile à éprouver vis-à-vis de sa mère ou d'une autre personne qu'on aime très fort, mais une fois ce sentiment établi en soi pour une personne, on apprendra graduellement à l'étendre à d'autres. Petit à petit, on arrivera à souhaiter sincèrement la même chose pour ses amis les plus intimes, puis pour d'autres, moins proches, puis pour ses voisins, et ainsi de suite, jusqu'à ce qu'on parvienne un jour à ressentir ce même désir à l'égard de tous, sans aucune distinction. Personne ne sera plus exclu de ce souhait, même ceux qu'on considérait auparavant comme ses ennemis. L'amour vrai et la compassion sont l'antidote de notre partialité coutumière. On pourra également tirer profit de ces réflexions pour se rendre compte du caractère éminemment arbitraire et changeant de nos notions d'ami et d'ennemi : l'ami d'aujourd'hui peut devenir notre ennemi de demain, et *vice versa*. Qu'a-t-on à gagner à prendre ces distinctions tellement au sérieux et à en faire des réalités si solides dans nos esprits ?

Un autre détail a son importance : la compassion universelle ne se borne pas à l'humanité, elle englobe tout ce qui vit. Comme nous, les animaux sont sujets à la souffrance inhérente à toute forme d'existence, mais leur situation est pire que la nôtre, du fait de la position dominante que nous occupons dans la nature. Indépendamment de l'abattage des animaux pour se nourrir, les humains ont pris l'habitude de se divertir en massacrant des animaux qui sont ainsi tués de manière complètement gratuite, sans aucune justification relative à des besoins alimentaires. Essayez de vous mettre ne serait-ce qu'un instant dans la peau d'un animal sauvage : vous avez déjà du mal à trouver à vous nourrir chaque jour, vous et vos petits, et à vous mettre à l'abri de tous les prédateurs qui vous guettent sans relâche. Et voilà qu'en plus, de grands bipèdes agressifs trouvent très amusant d'essayer de vous tuer. Imaginez-vous un instant que vous êtes un poisson, par exemple ; une mouche ou un ver appétissant flotte au fil de l'eau lumineuse, vous ouvrez la bouche pour vous en saisir, et une douleur indescriptible vous anéantit tandis qu'un hameçon acéré déchire les chairs tendres de votre palais. Là-haut, le pêcheur remonte la ligne; sous l'eau, l'insoutenable griffe d'acier s'enfonce plus avant dans la tête, votre corps se tord en un paroxysme de douleur. Et puis soudain, comme s'il pouvait encore y avoir pire que cette souffrance qui vous crucifie, vous voilà hors de l'eau, incapable de respirer, haletant — l'air vous agresse. Nouvelle explosion de douleur quand on vous arrache l'hameçon de la bouche, choc du sol contre le corps déjà si meurtri et qui se déshydrate; vous brûlez à l'intérieur, vos branchies palpitent, appelant en vain l'eau nourricière, vos yeux se voilent, et votre vie s'échappe lentement, péniblement, sur un coin d'herbe ou de macadam. On pourrait ainsi multiplier l'exercice à l'infini, en s'imaginant dans la peau d'un lapin, d'un lièvre, d'un renard, d'une perdrix ou d'un faisan traqués. On y gagnerait sûrement une prise de conscience de ce que peuvent être la vie et les souffrances d'un animal, et un certain respect pour la vie, sous toutes ses formes. Même s'il n'est pas en notre pouvoir de bouleverser l'attitude et l'organisation de toute une société, chacun d'entre nous peut au moins s'efforcer, à sa propre échelle, d'être bon pour les animaux et d'éviter d'aggraver les souffrances des diverses créatures qui partagent la planète avec nous.

Il est louable de se rendre compte que tous les êtres souffrent et de vouloir faire en sorte que cela cesse. Mais ça ne suffit pas: encore faut-il passer à l'action. Et c'est à cela que correspond le troisième stade du développement de la compassion: on essaie de faire tout ce qui est en son pouvoir pour mettre fin à la souffrance des autres.

Comment s'y prendre pour aider les autres? En faisant appel à sa propre expérience, car comment vraiment aider quelqu'un qui a des problèmes si l'on ne sait pas assumer ses propres difficultés et faire face à ses propres souffrances? Quand on peut déjà s'aider un peu soi-même, on est capable d'aider valablement les autres. Ce qui nous renvoie une fois de plus à la nécessité de travailler d'abord sur soi. Comme on l'a vu plus haut, le monde que nous percevons est à notre image : plus on a soi-même de défauts, et plus on en trouve aux autres. Pas la peine d'essayer de les faire changer et de les détester ; les choses iront mieux si l'on essaie de cultiver une attitude de compassion à leur égard, tout en continuant à travailler sur soi.

L'amour et la compassion sont certes de merveilleuses qualités qui ont le pouvoir de transfigurer nos vies. Mais certains d'entre nous doutent peut-être d'eux-mêmes et de leur capacité d'entreprendre une telle démarche : on a besoin d'un petit coup de pouce qui vous encourage à aller de l'avant. Or, c'est dans l'exemple des autres qu'on peut trouver un tel encouragement : tant chez les hommes et les femmes du passé, qui nous ont précédés dans la voie spirituelle, que chez certains de nos contemporains. Ce n'est pas à la force du glaive, de l'argent ou des diplômes que les grands saints ou maîtres spirituels doivent d'avoir marqué l'humanité : c'est à ce qu'ils ont fait pour leurs prochains. C'est l'amour, la compassion, l'humilité, et la dévotion totale au bien des autres qui ont fait qu'un François d'Assise ou un Milarépa, pour ne citer qu'eux, ont pu aider tant de gens, non seulement à leur époque, mais encore bien après leur mort. Et ce sont ces mêmes qualités qu'on retrouve chez certains de nos contemporains qui ont entièrement voué leur vie au service des autres, comme mère Teresa ou l'abbé Pierre. A une échelle bien plus modeste, on peut aussi voir autour de nous beaucoup de gens qui s'intéressent à autre chose qu'à leur propre bien-être et celui de leurs proches, par exemple en donnant de l'argent à des organisations caritatives ou en y travaillant eux-mêmes, en parrainant des enfants du tiers monde, en apportant un réconfort et une présence chaleureuse aux malades et aux mourants, ou en aidant les laissés-pour-compte de nos propres sociétés. Toutes ces actions vont dans le bon sens, tant qu'on est simplement motivé par le désir d'aider et de soulager les autres, et non par le besoin de satisfaire sa mauvaise conscience ou par des envies de gloriole personnelle. Plutôt que de nous appesantir sur notre impuissance et nos limites personnelles, puisons notre inspiration dans l'urgence du besoin de ceux qui souffrent et dans l'exemple positif de ceux qui les aident déjà. Tout en étant conscients des entraves que crée notre égoïsme actuel, il faut apprendre à faire confiance à ce potentiel de compassion qui fait partie de notre vraie nature, à ce pouvoir d'amour inconditionnel qui sommeille dans nos cœurs et qui ne demande qu'à être éveillé pour tout transfigurer en nous et autour de nous. C'est en forgeant qu'on devient forgeron...

L'amour et la compassion doivent aller à tous ceux qui souffrent, à un titre ou un autre, mais surtout aux plus déshérités et aux plus mal aimés. Qui ne s'émeut pas à la vue d'un enfant cadavérique qui meurt de faim, ou des rescapés d'une grande catastrophe naturelle ? Il est en revanche plus difficile d'aimer le vieillard un peu gaga, la vieille femme ingambe et un peu râleuse qui a besoin de soins constants ou le chômeur en fin de droits qui campe devant votre porte avec ses cartons et ses sacs en plastique. Il y aurait beaucoup à dire sur la manière dont les personnes âgées sont en quelque sorte mises au ban de nos sociétés « développées ». On n'aime pas être dérangé par le spectacle de la vieillesse, de la décrépitude et de la mort qui sont pourtant inscrites dans la destinée de tout être humain. Peut-être a-t-on peur d'être obligés de penser à ce qui nous attend tous ? Alors on range les personnes âgées et les infirmes dans des maisons ou des institutions spécialisées, à l'écart du flot normal de la vie, là où ils nous gêneront le moins possible. Ils s'en iront sur la pointe des pieds, tristes et solitaires, alors qu'en leur donnant un peu d'amour et de bienveillance, ils se sentiraient entourés et soutenus, et auraient une chance de se préparer à la mort avec plus de sérénité et de dignité. Pour ceux qui partent comme pour ceux qui restent — et dont le tour viendra aussi un jour — la mort ne serait plus un tabou à escamoter, mais un événement inscrit dans le prolongement de la vie, souvent l'occasion d'une communication forte et directe qu'on n'avait encore jamais osé avoir jusqu'alors.

Cependant, il ne faut pas se faire d'illusions : il est vrai que, même avec les meilleures intentions du monde, il est souvent très difficile de s'occuper des malades et des personnes âgées. Indépendamment de l'astreinte des soins physiques, ils ont souvent l'esprit confus et leurs idées s'embrouillent; certains essaient de vous manipuler par un chantage à l'héritage. Quoi qu'il en soit, il y a là matière à cultiver la compassion en essayant de se mettre à leur place: un jour, ce sera notre tour de ne retrouver en situation de dépendance, et n'aimerions-nous pas aussi trouver alors un peu de réconfort auprès de quelqu'un d'aimant et de désintéressé? Alors pourquoi leur refuser ce que nous espérons pouvoir trouver nous-mêmes un jour, pourquoi leur imposer une souffrance qu'on voudrait soi-même éviter à tout prix? Il y a une histoire tibétaine qui illustre fort bien ce propos. Un grand-père était devenu très vieux et un peu gaga, et son fils qui était un marchand itinérant très affairé, décida qu'il était temps de l'installer dans une grotte à flanc de colline, derrière la maison, où on pourrait lui porter à manger et s'occuper de lui sans qu'il dérange toute la maisonnée. A table, le marchand en parla avec sa femme, devant leurs enfants, et c'est après le dîner qu'il mit son père dans une grande hotte d'osier pour le transporter jusqu'à la grotte. Le lendemain, au petit déjeuner, le fils du marchand, un gamin d'une dizaine d'années, arriva avec la hotte et s'assit à table. Le père: «Qu'est-ce que tu fais avec ça?» Et le gamin de répondre: «Je la mets de côté pour pouvoir t'emporter dans la grotte quand tu seras vieux.» On se doute bien que le père eut vite fait d'aller à la grotte rechercher son propre père qui eut la chance d'être entouré d'amour et de soins pendant le temps qu'il lui restait à vivre. La conclusion s'impose d'elle-même...

C'est dans la réalité quotidienne qu'on apprend le mieux à cultiver la compassion. C'est très bien d'avoir l'esprit large et des idées généreuses et de tout savoir sur les techniques de relaxation, mais toute cette belle théorie ne nous servira pas à grand-chose si on reste fermé et crispé, dans la vie quotidienne. Quand on a un pur-sang, on ne le laisse pas à l'écurie, on le monte tous les jours, autrement il ne sert à rien et il perd la forme. La compassion n'est pas une belle pièce de musée qu'on range dans un coin pour l'admirer religieusement, de temps en temps, et se sentir ému aux larmes. C'est une force qui grandit quand on la nourrit chaque jour de sa chair, de ses rires et de ses larmes, de ses forces et de ses faiblesses, de ses rêves et de ses déceptions, et qui finit par donner à chaque instant de vie un éclat de perfection.

Ce n'est pas sous prétexte qu'on s'efforce de pratiquer la compassion qu'il faut s'attendre à être payé de retour, et se mettre en colère si les autres ne semblent pas faire autant d'efforts que nous. L'amour n'est pas une transaction commerciale: je te donne ceci, si tu me donnes cela. Si on ne sait pas donner de manière inconditionnelle, l'amour reste entaché d'égoïsme et continue à nous isoler des autres au lieu de nous en rapprocher. La compassion, c'est se désintéresser un peu de soi pour s'intéresser plus aux autres. On sort de sa tour d'ivoire, de sa vision égocentrique du monde; en se remettant en perspective par rapport à la réalité, on perçoit mieux la similitude essentielle de toute vie.

La compassion va au-delà de la simple réaction viscérale à la souffrance d'autrui; elle suppose aussi une certaine intelligence de la situation de l'autre. Par exemple, si un alcoolique vous demande à boire, ou un drogué de l'héroïne, ce n'est pas faire preuve de bonté à leur égard que de le leur donner. La compassion doit aller de pair avec une certaine sagesse, autrement on risque de faire plus de mal que de bien, avec les meilleures intentions du monde. Il faut savoir évaluer quand il convient d'agir ou de s'abstenir, et de quelle manière. Rien ne sert d'imposer son aide aux autres, ou de se mêler de choses auxquelles on ne peut rien. Si on voit deux personnes en train de se battre, on serait tenté de penser qu'il faut intervenir; en fait, on risque surtout d'être soi-même pris à partie et de se mettre à son tour en colère. Résultat de l'opération: la confusion la plus totale. Tant qu'on n'a pas encore assez de compassion pour rester maître de ses propres émotions, mieux vaut ne pas se mêler de situations trop délicates.

Cela montre à quel point il est important de ne pas essayer d'en faire plus que ce dont on est capable, à chaque stade de son évolution. S'efforcer de faire de son mieux pour aider les autres, certes, mais en n'oubliant pas qu'on n'est pas une sorte de Superman sauveur de l'humanité. Souvenons-nous que la règle essentielle reste toujours de ne rien faire, dire ou penser qui puisse nuire aux autres. La compassion grandira et s'affirmera en nous pas à pas si l'on sait faire preuve de patience, d'humilité et de réalisme vis-à-vis de soi-même, de discrétion et de sensibilité face aux autres, le tout accompagné d'une solide dose de bon sens et d'un zeste d'humour.

Une dernière recommandation: ne remettons pas à demain ce que nous pouvons faire dès aujourd'hui, tant en matière de maîtrise de l'esprit que de compassion. On a souvent tendance à se dire que tout cela est bien beau, mais qu'on aura bien le temps de s'en occuper plus tard, une fois qu'on aura un peu profité des plaisirs de la vie. Gardons-nous cependant de lâcher la proie pour l'ombre: nos plaisirs sont aussi éphémères que neige au soleil et les choses et les gens qui font aujourd'hui notre bonheur seront peut-être la cause de nos larmes de demain. Tout passe, tout lasse, tout casse. Et on finit par comprendre que ce n'est pas ailleurs qu'en soi qu'il faut chercher la source du vrai bonheur. Cela ne signifie pas refuser les joies que peut nous offrir la vie, mais ne pas s'y investir à corps perdu, car nos plaisirs sont fragiles et le compte à rebours vers la mort se poursuit sans arrêt. Dans l'optique de la compassion, nous pouvons vivre les bras et le cœur ouverts à ce qui se passe, prêts à faire de son mieux ce que chaque situation exige de nous, de plus en plus capables d'aimer et d'aider les autres parce que nous maîtrisons mieux notre propre esprit.

Nul ne peut éluder la mort, mais on a la liberté de choisir de bien vivre: dompter le tigre de l'esprit pour éviter d'être la cause de ses propres souffrances et de celles des autres, et se laisser guider par la dynamique de la compassion qui peut nous donner à tous la chance de mieux vivre — en soi-même et tous ensemble —, afin de tirer le meilleur parti possible de notre éphémère passage sur cette terre.

Chapitre X

L'ATTENTION VIGILANTE OU LE TIGRE APPRIVOISÉ

Le simple fait de se détendre complètement et d'observer ce qui se passe vous donne une grande force.

Milarépa

Une bonne partie des problèmes qu'on rencontre dans la vie de tous les jours est due à un manque d'attention de notre part. On agit souvent impulsivement, au gré de ses émotions du moment, sans faire attention à la nature de ses actes ou à leurs répercussions sur soi et sur les autres. Alors qu'avec un minimum de vigilance, on peut percevoir ses pensées et ses sentiments au moment même où ils apparaissent, et donc être conscient de ce qui nous pousse à agir. Au lieu de se laisser entraîner aveuglément et passivement à faire ou à dire des choses qu'on regrettera peut-être par la suite, on est conscient de ses motivations et on peut agir en pleine connaissance de cause. Quand on est attentif à ce qui se passe en soi, on n'est plus forcément le jouet de ses sentiments; au lieu de se laisser aller à des réactions impulsives et habituelles, on devient le témoin et l'acteur lucide de ce qui se prépare dans l'esprit et des actes qui en découleront.

Si la méditation vise à développer l'attention et la vigilance, ce ne sont pas cependant là des qualités proprement spirituelles ou des vertus ésotériques réservées à ceux qui s'intéressent à la spiritualité. En fait, il n'y a rien de plus quotidien et de plus ordinaire que l'attention, car on ne peut rien faire sans elle. Il y a sans cesse des tas de choses auxquelles il faut «faire attention»: l'heure, la manière dont on s'habille, dont on traverse la rue, dont on conduit et on se gare, ce qu'on mange, ce qu'on dit et ce qu'on fait, et ainsi de suite. Faire attention, c'est faire l'effort de penser à une chose donnée, en être conscient sans se laisser distraire par autre chose. L'attention et la vigilance ne sont donc pas des concepts abstraits ou des vertus exotiques, mais des outils indispensables à notre survie et à notre bien-être quotidiens. Et à bien plus encore, si on apprend à les développer, car c'est grâce à ces instruments qu'on va pouvoir dompter le tigre et lui faire faire ce qu'on en attend.

La vie quotidienne foisonne d'occasions d'exercer son attention, et la méditation offre un ensemble de techniques permettant de la développer jusqu'à rester conscient à tout moment de ce qui se passe dans son esprit. Il y a donc une complémentarité évidente entre le quotidien et la méditation. Certains s'imaginent néanmoins que la méditation est une manière de fuir les réalités de la vie et de tourner le dos à ses problèmes en s'immergeant dans des contemplations éthérées. Or, c'est tout à fait l'inverse qui est vrai, tout au moins pour ce qui est de la méditation digne de ce nom, et non des contrefaçons des charlatans qui vous promettent la félicité instantanée et des pouvoirs magiques. La vraie méditation n'est pas faite pour nourrir nos fantasmes et conforter notre vision égocentrique du monde, elle vise au contraire à nous rapprocher de la réalité de ce que nous sommes. Elle élimine les distorsions qui nous empêchent d'avoir une perception juste de soi, et donc du monde et des autres, tels qu'ils sont. En ce qui concerne le processus de développement de l'attention, la méditation serait un peu comme une phase d'entraînement intensif, le quotidien servant à la fois de banc d'essai de ce qu'on a appris et de réservoir d'expériences nouvelles venant nourrir et stimuler la méditation.

La plupart d'entre nous se contentent d'en rester à un stade élémentaire du développement de l'attention, juste suffisant pour expédier les affaires courantes. L'esprit se concentre ponctuellement — plus ou moins bien — sur tel ou tel objet extérieur qui sollicite l'attention à ce moment-là, mais il est toujours prêt à répondre immédiatement à toute autre sollicitation qui lui plaira plus. Mais on ne se rend pas du tout compte des processus mentaux qui se déroulent en nous au même moment, en toile de fond. On n'est pas conscient des pensées, des sensations et des sentiments qui surgissent sans cesse dans l'esprit, façonnant notre perception des choses et nos réactions aux événements. On ne voit que ce qui se passe sur la scène et pas dans les coulisses. Prenons un exemple : je vois s'approcher un homme que je ne connais pas et qui vient me demander son chemin. Il m'est immédiatement antipathique : sa tête ne me revient pas, je n'aime pas sa voix et sa façon de s'habiller (mais je n'en suis absolument pas conscient). A peine poli, je lui réponds assez sèchement, comme si c'était un crime de lèse-majesté que d'avoir osé me déranger. Le pauvre homme s'en va en se disant que les gens du coin ne sont pas très sympathiques. Maintenant, reprenons le même scénario en supposant que je maîtrise déjà un peu mon attention : je vois l'homme, il me déplaît immédiatement. Peut-être me rappelle-t-il quelqu'un que je déteste, ou certaines choses que je n'aime pas en moi ? Là n'est pas la question ; l'important, c'est que, si je suis suffisamment vigilant, je me rends tout de suite compte de mon antipathie. J'enregistre la présence de cette réaction, mais comme je la sais injustifiée — après tout, ce pauvre homme ne m'a rien fait, et peut-être même qu'il est très sympathique — je ne vais pas agir en fonction de cette pulsion irrationnelle.

Notre rapport aux autres et au monde est entièrement déterminé par ce qui se passe dans notre esprit, et si l'on sait y être attentif, on prend conscience de l'impact que le moindre de nos actes peut avoir sur les autres. On apprend à identifier ce qu'on ressent — colère, jalousie, envie —, ce qui ne veut pas dire qu'on alimente ce sentiment, ou au contraire qu'on le refoule, car de toute façon il finirait bien par exploser un jour. On se contente d'en constater la présence, sans se laisser aller à agir impulsivement, car on est conscient des dégâts qu'on peut faire chez les autres.

Évidemment, c'est plus facile à dire qu'à faire, et il faut déjà un certain entraînement de l'attention pour arriver à se distancier suffisamment de ses pensées et de ses émotions pour ne pas y réagir immédiatement. Mais il ne faudrait pas croire que cela va nous compliquer la vie, bien au contraire. On ne cherche pas à collectionner des règles ou des recettes, mais plutôt à se donner l'espace nécessaire pour y voir clair, en simplifiant un peu les choses. On en a d'autant plus besoin que la vie qu'on mène dans nos sociétés modernes est déjà suffisamment frénétique et compliquée.

C'est en apprenant à concentrer son attention qu'on va trouver l'espace nécessaire pour identifier ce qui se passe en soi et prendre assez de recul par rapport à cela. Se concentrer, c'est simplifier: au lieu de disperser son attention sur plusieurs choses, on essaie d'en faire une à la fois — attentivement, donc efficacement, sans perte de temps. (Contrairement à ce qu'on croit souvent, on ne gagne pas de temps en faisant plusieurs choses à la fois, car l'attention ne peut pas être partout efficiente au même moment.) Il faut que l'esprit soit là où se trouve le corps, disait un grand maître tibétain. Cela paraît une évidence, alors qu'en réalité, rares sont ceux qui arrivent à vivre ainsi. La plupart du temps, on fait une chose tout en pensant à une autre; on est distrait par ce qui se passe autour de soi — une image, un son, une odeur —, ou bien on se laisse absorber par son cinéma intérieur — une sensation, une pensée, un sentiment. Si bien qu'il finit par régner une grande confusion et qu'on a bien du mal à comprendre ce qui se passe, ce qu'on est, ce qu'on fait et pourquoi. L'esprit est souvent comparé à une mare: si on la remue avec un bâton, l'eau devient toute trouble sous l'effet de la vase et de toutes les petites particules qui s'y trouvent en suspension. En revanche, si on cesse de remuer et qu'on laisse reposer l'eau, toutes les impuretés qui la troublaient retombent progressivement au fond de la mare et elle retrouve sa pureté initiale. L'esprit est comme une eau pure que peut troubler le tourbillon incessant des pensées, des sentiments, et des sensations ; et plus on l'agite, et plus c'est la pagaille. Mais quand on sait laisser passer ces événements mentaux — c'est le terme technique — sans les remuer, l'esprit retrouve sa transparence initiale.

Comment apprendre à ne pas remuer l'eau de la mare ? D'abord on se détend, puis, bien décontracté, on observe ce qui se passe. Au départ, on n'y verra peut-être pas très clair, parce qu'il y aura beaucoup de choses qui se bousculeront dans tous les sens. Mais si on reste vigilant, comme le chat qui guette la souris sans en avoir l'air, on arrivera petit à petit à identifier certains éléments, comme par exemple une pensée — «qu'est-ce que je vais manger à midi», — une sensation — «j'ai mal au genou» —, suivie d'une autre — «j'entends la radio des voisins» —, et dans la foulée une émotion — «ils m'énervent ceux-là». Et ainsi de suite. Quand on calme le jeu, c'est-à-dire lorsqu'on se met en retrait et qu'on observe le spectacle sans en rajouter, on commence à voir ce qui se passe. Si vous êtes pris dans la foule d'une rue passante, vous ne vous rendrez pas compte du mouvement général de la circulation, alors que si vous quittez vous-même la rue et que vous regardez les gens depuis la fenêtre d'un immeuble, vous aurez une vue d'ensemble de la situation.

La méditation, au sens où nous l'entendons, n'est pas la contemplation d'une idée. On devient simplement un observateur désengagé, on se donne le temps et le recul nécessaires pour se rendre compte de ce qui se passe en soi : car normalement tout va si vite qu'on ne voit rien. C'est un peu comme quand on fait le montage d'un film : il faut le faire défiler au ralenti, image par image, afin d'identifier clairement chaque plan et de voir où l'on doit faire des coupures ou des ajouts. On apprend à observer l'esprit : on laisse les pensées aller et venir naturellement, à leur gré, sans intervenir pour les arrêter ou pour les stimuler. Il ne s'agit pas d'analyser ou d'évaluer ses pensées, de prendre les bonnes et de rejeter les mauvaises. Cela relève d'autres types de pratique. Ici, on n'a pas à être un censeur ; on tente de se faire l'observateur désengagé de toutes ses pensées, quelles qu'elles soient ; elles n'ont d'intérêt qu'en tant que mouvements de l'esprit. Ce n'est donc pas la peine de s'enflammer pour une « bonne » pensée et de la suivre, d'être choqué par une idée « immorale » ou incongrue et de chercher à la supprimer de force, ou de se sentir déprimé par la banalité et le manque d'intérêt de ses pensées. Il s'agit seulement de continuer à regarder ce qui se passe sans s'en mêler, sans chercher à infléchir le cours des choses. Grâce à l'espace que crée notre désengagement, on y verra progressivement plus clair. On saura rester attentif et vigilant au spectacle de ses pensées, sans se laisser emporter par elles ou se laisser distraire par des éléments extérieurs. Quand on parvient à maîtriser ainsi son attention, l'esprit acquiert une certaine stabilité : il devient plus paisible. Le tigre commence à s'apprivoiser. Cela correspond au premier stade du développement de l'attention : l'esprit devient calme et paisible.

La phase suivante correspond au moment où, l'esprit s'étant stabilisé, il apparaît dans toute sa clarté et on peut voir se qui s'y passe. Pour reprendre notre exemple de tout à l'heure, l'eau redevient parfaitement limpide quand on l'a laissée reposer et qu'elle s'est décantée de ses impuretés. Plus on progresse dans la maîtrise de l'attention, plus l'esprit devient calme, paisible et clair ; cela ne veut pas dire qu'il ne s'y passe plus rien, comme si on avait subi une lobotomie. Tous les mouvements naturels de l'esprit continuent — pensées, sentiments, sensations — mais on les voit très clairement, on en est conscient. On peut donc agir en toute lucidité, en connaissance de cause, et non plus à l'aveuglette. On n'a plus à être tiré à hue et à dia par tout ce qui nous passe par la tête. D'où un sentiment de paix profonde ; une paix véritable, car elle ne dépend pas de quelque chose d'extérieur à soi. A la différence de nos bonheurs habituels, celui-ci est inconditionnel : c'est une force toujours présente, même au milieu des pires tribulations. Il n'est pas difficile de se sentir bien quand on est calmement installé chez soi, avec des gens qu'on aime et de la bonne musique: on se sent facilement l'esprit en paix. Mais qu'en est-il quand on tombe en panne de voiture dans les embouteillages, qu'on vient de recevoir sa lettre de licenciement, qu'on apprend que sa femme ou son mari vous trompe ou tout simplement quand on a mal quelque part? Quand le tigre est suffisamment bien dressé, l'esprit arrive à garder la même stabilité, la même qualité de paix en toutes circonstances: extérieurement, l'aigre-doux du quotidien poursuit son cours et donc, apparemment, rien n'a changé, mais, intérieurement, l'esprit a trouvé un point d'ancrage — si bien que tout est différent. Rien n'a changé, mais tout est autre. Au lieu de se laisser entraîner et submerger par les événements — extérieurs ou intérieurs —, avec toutes les frustrations et les peines que cela suppose, on reste concentré, lucide. Voilà à quoi sert le dressage du tigre: à trouver cet ancrage intérieur, cette stabilité génératrice de paix et de joie. Rien n'a changé, mais plus rien n'est pareil.

En fait, quoi de plus encourageant qu'une telle perspective: rien n'est solide et immuable. Quand on sait que c'est son esprit qui détermine la perception qu'on a du monde, on apprend à relativiser ses joies et ses peines, dans la mesure où ce sont des états subjectifs et changeants, et non des réalités solides comme du marbre et à jamais immuables. Ce qui est d'ailleurs aussi valable pour le monde qui nous entoure, si l'on y réfléchit bien. En effet, l'ensemble de l'univers et tout ce que nous en percevons par la voie des sens est composé d'atomes et autres particules subatomiques. Ces particules se combinent et s'organisent sous forme de corps ou d'énergies physiques perceptibles par nos appareils sensoriels, mais qui n'existent pas de manière autonome et solide. Leur manifestation dépend en effet de la rencontre d'un ensemble de conditions objectives — combinaisons particulières des éléments qui les composent —, et de la perception qu'en a un sujet. La physique contemporaine s'est aperçue que la matière, qu'on avait longtemps prise pour une réalité solide et immuable, était en fait une somme d'énergies en état de flux permanent, continuellement en train d'évoluer, de se modifier, de se défaire et se réorganiser[1]. L'exercice n° 5, l'«Arc-en-ciel», qu'on trouvera dans la deuxième partie de ce livre, est justement destiné à nous faire comprendre que les choses qui nous entourent n'ont pas, en dépit des apparences, toute la solidité qu'on leur prête; cela nous aidera à prendre un peu de recul par rapport au monde matériel, à y être moins aveuglément attachés.

Quand on a cessé de «remuer la mare» et que l'esprit est devenu stable et clair, on voit comment ce qu'on prenait pour la réalité objective du monde n'est qu'une version subjective qu'on s'en est fabriqué à partir de ses propres projections. Ainsi, un paranoïaque croit que tout le monde lui en veut et interprète les moindres faits et gestes des autres dans ce sens; c'est un exemple extrême puisqu'il s'agit d'un cas pathologique, mais il a le mérite de montrer de manière évidente à quel point l'idée qu'on se fait des choses et des gens peut en modeler la perception. Et cela est vrai pour tout le monde, dans une plus ou moins large mesure. On trouve

1. Il est intéressant de noter que les recherches contemporaines en matière de physique des particules vont dans le sens d'une remise en question de la «solidité» de la matière, l'hypothèse d'une particule de matière insécable — comme on l'avait cru de «l'atome» au départ, d'où son nom — apparaissant de moins en moins plausible, au fur et à mesure que s'affine l'analyse des chercheurs. Par la même occasion, on a aussi été amené à reconsidérer la notion de réalité objective, dans la mesure où l'on admet maintenant que l'observateur influe sur le phénomène qu'il observe; ce qu'on prenait pour un phénomène objectif n'est que la perception d'un objet à travers un sujet donné. Toute réalité perçue — même par le truchement de moyens mécaniques et électroniques — est nécessairement subjective. Or, cette nouvelle démarche de la science rejoint tout à fait les observations que faisait le Bouddha à propos de la matière dans l'*Abhidharma,* la partie de ses enseignements qui traite de manière très affinée de la psychologie et des phénomènes mentaux. C'est en réalité une analyse très poussée de tous les éléments de la réalité humaine: de l'individu et du monde dans lequel il vit, et de ses rapports avec lui. Les techniques de «méditation» constituent en fait une véritable technologie mentale, élaborée à partir de cette analyse très précise. (N.d.T.)

dans les enseignements traditionnels une fable symbolique qui illustre parfaitement ce propos : un homme rentre dans une pièce un peu sombre où il y a une corde qui traîne sur le plancher, et il trébuche sur ce qu'il prend pour un serpent ; paniqué, il s'enfuit en hurlant. L'homme n'a pas distingué la corde, parce qu'il faisait sombre ; faisant une mauvaise interprétation de la nature d'un objet, en réalité inoffensif, il a pris peur et agi impulsivement sous l'effet de cette émotion. Nous fonctionnons un peu selon le même scénario : comme on n'y voit pas très clair dans son esprit, on a du mal à distinguer le vrai — les choses telles qu'elles se présentent à nous — du faux — notre interprétation subjective à partir de telle ou telle idée préconçue qui fait qu'on va aimer ou détester quelque chose, l'espérer ou le redouter, en avoir peur ou envie. Ensuite, on agira impulsivement, en réaction à ce sentiment. Pour reprendre la même métaphore, dès que notre homme verra clairement la corde, sa peur, qui était aussi réelle que s'il y avait eu un vrai serpent dans la pièce, s'évanouira d'elle-même. De même, si l'on a suffisamment de maîtrise de l'esprit pour percevoir ce qui s'y passe, on saura prendre les choses et les gens « comme ils viennent » — voir la corde — sans les modifier par le jeu de nos projections — en faire un serpent — et surtout sans réagir impulsivement sur la base de ces données fausses — paniquer et s'enfuir. On apprendra progressivement à ne pas croire dur comme fer à ses pensées et à ses perceptions, à les considérer plutôt comme une sorte de construction onirique.

En se libérant des limitations qu'impose une vision trop rigide et solide des choses, la conscience s'affine et s'élargit ; on y gagne une perception beaucoup plus lucide de soi, des autres et de leurs besoins. D'où l'importance de dompter le tigre de l'esprit pour pouvoir réaliser son idéal de compassion : plus les distorsions produites par l'ego s'estompent, plus l'on devient flexible et attentif aux autres, et donc plus à même de les comprendre et de les aider. Quand le grand dégel de l'ego a commencé, tout devient aussi plus fluide autour de soi. L'effet de miroir, rappelez-vous.

Il faut à la fois de la persévérance et du doigté pour cultiver cette qualité d'attention vigilante qui procure la paix intérieure. Il y a un équilibre à trouver dans l'effort: savoir quand il faut être un peu strict avec soi, sans trop forcer, ou quand il convient au contraire d'être très doux et moins directif. On est dans la position du dompteur qui veut dresser un tigre: il faut être suffisamment ferme pour que l'animal comprenne qui est le maître; mais une fois ce rapport établi, on doit savoir se montrer compréhensif et conciliant, pour que le tigre accepte de se laisser dresser. Un bon dompteur est avant tout quelqu'un qui aime et respecte son animal, et qui le connaît si bien qu'il sait à tout moment jusqu'où il peut aller pour tirer le meilleur parti de ses qualités: s'il peut encore lui demander un effort supplémentaire, ou s'il vaut mieux le récompenser un peu pour ce qu'il a déjà fait et le laisser se reposer. Si on est trop exigeant au mauvais moment, l'animal se braquera et pourra même devenir dangereux; à d'autres moments, au contraire, il faudra absolument lui tenir tête et rester inflexible, sinon c'est lui qui vous imposera sa volonté. Tout est une question de dosage et de moment.

Les mêmes principes s'appliquent au dressage de ce tigre qu'est l'esprit. Il faut d'abord chercher à bien le connaître pour comprendre comment il fonctionne et il réagit. Le connaissant un peu mieux, on pourra anticiper ses réactions et savoir comment le traiter, comment doser la manière forte et la manière douce. Une certaine dose d'effort est nécessaire pour se concentrer et soutenir son attention, sinon on se laisse emporter par le tourbillon de ses pensées et on ne peut plus rien observer. Cependant, il ne faut pas non plus trop forcer, sous peine de perdre l'état de détente indispensable à l'observation du spectacle intérieur. Si l'on tente de trop brider son attention, elle se rebelle et se dérobe, en partant dans tous les sens: le tigre se révolte si l'on est trop exigeant au mauvais moment. Progressivement, on apprend à connaître son tigre et à faire bon usage du gant de velours et de la main de fer.

Mais que faut-il faire si jamais rien ne va plus? Vous avez

beau essayer tous vos «trucs» habituels, le tigre ne veut plus rien savoir: il saute dans tous les sens, comme s'il était redevenu sauvage. Surtout, ne paniquez pas: détendez-vous, redonnez-vous un peu d'espace. Prenez mentalement du recul, désengagez-vous et regardez simplement les ébats du tigre. Ce n'est surtout pas le moment de trop forcer, de tirer sur la bride et de vous faire des reproches; l'heure est à la détente, à la souplesse et au doigté — pas à la contrainte. A d'autres moments, au contraire, vous devrez employer la manière forte, quand vous sentirez, par exemple, que le tigre n'attend qu'une chose: aller faire la sieste dans un coin et rêvasser tranquillement sans être dérangé.

Ce n'est pas seulement pendant le dressage que le dompteur et son animal apprennent à se connaître; il y a aussi les moments de détente, les jeux, les soins, les repas. Tous les petits événements du quotidien à la faveur desquels naissent la confiance et l'appréciation réciproques. Ainsi, on aura intérêt à poursuivre sa relation avec le tigre en dehors des séances de dressage intensif — les exercices de méditation — en appliquant à la vie quotidienne les techniques de dressage qu'on aura mises au point. Et plus ça ira, et plus vous vous entendrez bien avec le tigre: il comprendra de mieux en mieux ce que vous attendez de lui et sera de plus en plus capable de faire ce que vous lui demandez.

Quand on prendra le tige en main pour le dresser, une bonne partie du travail consistera à modifier ses anciens réflexes et à les remplacer par de nouveaux. En effet, le tigre a ses habitudes et il n'aime pas qu'on les dérange. Vous aurez peut-être l'impression que le dressage se passe bien, et puis, tout à coup, sans crier gare, le tigre se mettra à regimber et essaiera de mordre. Les habitudes ont la peau dure et leur influence peut se faire sentir très longtemps: ne parle-t-on pas de la «force» de l'habitude? Prenez un livre dont les pages ont été cornées: une fois qu'on les aura remises à plat et lissées, elles garderont malgré tout la marque de la pliure et continueront même à rebiquer pendant un certain temps. De même, il arrivera souvent que le tigre intérieur retrouve ses vieilles habitudes et se rebiffe. Il faudra à chaque fois le discipliner — patiemment, mais fermement — jusqu'à ce qu'il perde ses mauvaises habitudes et se forme à celles qu'on essaie de lui inculquer. Ce qui ne se fera pas sans mal, l'inverse serait étonnant. Ne vous effrayez pas de ces retours de manivelle, mais voyez-y une indication des points sur lesquels il vous reste à travailler un peu plus. Les difficultés sont des révélateurs de nos faiblesses; rien ne sert de faire l'autruche et de les ignorer en pensant que cela va s'arranger tout seul, comme par enchantement. C'est ce qu'on a eu tendance à faire trop longtemps, et ça ne nous a guère réussi. Mieux vaut prendre le problème à bras-le-corps et le régler une bonne fois pour toutes; c'est autant qu'on n'aura plus à faire par la suite.

Une dernière recommandation aux apprentis dresseurs de tigres: «Patience et longueur de temps font plus que force ni que rage.» Chacun de nous est le produit d'une longue histoire où s'entremêlent quantités d'influences et de facteurs divers, et on ne peut pas s'attendre à faire changer tout cela du jour au lendemain. On s'engage dans un travail de longue haleine, mais avec la compassion comme maître d'œuvre, l'éthique comme instrument de mesure, l'attention vigilante pour compagnon, et la vie quotidienne pour chantier, on sera capable de mener à bien son entreprise dans les meilleurs délais. D'autant plus qu'une fois qu'on s'est engagé dans cette voie, tout ce qu'on fait s'intègre automatiquement à sa démarche intérieure. Désormais, il n'y a plus rien à jeter, il n'y a plus à séparer le sacré du profane, à faire le tri entre le bon et le mauvais: tout devient une occasion d'apprendre et de comprendre. On peut faire feu de tout bois: le feu brûle, qu'on l'alimente avec des ordures ou avec du chêne.

C'est cela, l'art de dresser le tigre. Réconcilié avec soi, on l'est aussi avec le reste du monde. Et c'est sur le dos de son fauve paisible et puissant qu'un bon dompteur continuera à parcourir les vastes plaines de l'expérience, prêtant main-forte à tous les autres futurs apprentis dresseurs qu'il croisera sur son chemin.

Deuxième partie

Pratique du dressage: les exercices

INTRODUCTION AUX EXERCICES

Hâte-toi lentement et tu auras vite fait d'arriver à destination.

Milarépa

Dans la première partie de ce livre, on a fait connaissance avec le tigre intérieur et on a compris la nécessité de le dompter. Cette deuxième partie constitue en quelque sorte les travaux pratiques: un ensemble d'exercices destinés à nous apprendre comment on peut, pratiquement, dompter son esprit et cultiver la compassion dans la vie de tous les jours, car c'est au cœur même de son vécu quotidien que cela doit se faire. Nos responsabilités professionnelles ou familiales ne sont pas un obstacle qui nous empêche de travailler sur nous-mêmes; elles sont au contraire un excellent terrain, riche d'une multitude d'occasions d'apprendre et de mûrir. C'est aussi un banc d'essai qui ne ment jamais: l'épreuve du quotidien a vite fait de révéler nos faiblesses et nos insuffisances et on voit tout de suite ce qu'il faut gommer, retravailler ou consolider. Ce n'est donc pas la peine de caresser l'idée de tout laisser tomber pour partir en quête de la sagesse: elle n'est nulle part ailleurs qu'en soi, là où l'on se trouve actuellement. Le premier pas vers la maturité consiste peut-être justement à ne plus rejeter la réalité — de ce qu'on est et de sa situation présente —, au profit de rêves qu'on ne réalisera sans doute jamais et qui ne sont que des alibis à l'immobilisme.

Nous avons tous acquis un certain bagage, depuis la naissance, appris beaucoup de choses utiles, mais également pris un certain nombre de mauvaises habitudes qui sont en partie la cause de nos problèmes et de nos souffrances. Encouragés par notre éducation à développer l'ego, on n'a pas eu de mal à s'habituer à lui donner toujours la priorité, vu que cela correspondait de toute façon à une pente naturelle. D'autant plus qu'on a été conditionné par des valeurs contemporaines qui favorisent le plus souvent l'individualisme : importance de la notion de « personnalité », démantèlement de la famille et affaiblissement de la solidarité collective, glorification de la réussite matérielle et des plaisirs de consommation auxquels elle donne accès.

Dans un premier temps, il sera donc utile d'analyser un peu ses habitudes et son conditionnement pour faire la part de ce qui est à garder et à cultiver, et de ce qu'il vaudrait mieux évacuer. Ce sera l'occasion de se rendre compte que certains de nos comportements actuels sont souvent de vieilles habitudes, ou même des réflexes, qui nous collent à la peau depuis l'enfance, bien qu'ils ne correspondent plus du tout à notre état d'esprit actuel. Un peu comme si un papillon traînait derrière lui des morceaux de sa chrysalide.

Les exercices qui suivent vont nous donner les moyens de faire face à toutes les circonstances de notre vie quotidienne, de manière aussi équilibrée que possible. C'est-à-dire en évitant d'esquiver ou de fuir systématiquement les difficultés ou les situations pénibles, ce qui est de toute façon une cause perdue d'avance. Mais aussi en ne recherchant pas l'euphorie permanente à tout prix : si on a plaisir à bien manger et qu'on n'arrête pas de faire bombance, cela tourne à la boulimie, puis à la maladie. Il faut trouver un équilibre, une certaine modération, pour pouvoir prendre les choses comme elles viennent, sans avoir à se battre pour les modifier constamment en rejetant ce qu'on n'aime pas et en ne poursuivant que ce qui nous fait plaisir. Le simple fait de cesser ce combat stérile nous allégera d'un grand poids de frustration et de tensions : c'est dur de toujours ramer à contre-courant !

Il arrive souvent qu'on souffre parce qu'on réagit trop fort à ce qui nous arrive — de gai ou de triste. Ici aussi, il est nécessaire de faire preuve de modération pour ne pas se laisser déborder par les événements: c'est pourquoi on apprend à dompter le tigre pour trouver une certaine stabilité intérieure et ne plus faire dépendre entièrement son bien-être de circonstances extérieures à nous. Si, jour après jour, on a le courage d'affronter sa colère ou sa douleur pendant ses exercices de méditation, on finira par être capable d'y faire face quand on les rencontrera dans son vécu quotidien. On apprend petit à petit au tigre à ne plus avoir peur du feu, pour qu'il arrive un jour à sauter à travers un cerceau enflammé.

Les exercices servent à se créer un espace, afin de mieux comprendre ce qui se passe. On se donne un recul par rapport aux événements et aux difficultés de sa vie. C'est ainsi que l'exercice de la Sphère d'Arc-en-ciel (n° 15), avec ses visualisations de différentes lumières colorées, peut nous apprendre à faire face aux violentes émotions qui nous font trop souvent perdre pied. Les exercices sur l'Ami (n° 7) et l'Ennemi (n° 11) nous aideront à relativiser un peu l'idée qu'on se fait de l'amitié et de l'inimitié. Celui qu'on considère comme un ennemi est peut-être notre plus précieux ami, dans le long terme, car il nous fournit l'occasion d'apprendre la patience et la compassion. A l'inverse, ceux qu'on appelle ses «amis», ne nous font pas toujours forcément du bien: ils peuvent même être une sérieuse entrave au développement intérieur si on leur est trop fortement attaché, ou si leur amour est trop possessif.

Les exercices proposés ici forment un ensemble de techniques de maîtrise de l'esprit qu'on peut considérer comme une forme de «thérapie». Moins dans le sens du traitement ou de la prévention d'un état pathologique spécifique, que dans celui d'une thérapeutique d'ensemble: un rééquilibrage et une rééducation globale. Même si on n'est pas malade à proprement parler, on a perdu ce sens instinctif de l'équilibre que possédaient certains de nos plus lointains ancêtres. Tout en nous facilitant la vie, la civilisation urbaine nous a aussi fragilisés et éloignés des réalités naturelles. Si bien qu'on est obligé de réapprendre ce qu'on ne sait plus faire spontanément : apprendre à respecter nos rythmes biologiques et l'environnement naturel dont nous dépendons, à équilibrer notre alimentation, à prendre de l'exercice pour compenser un mode de vie trop sédentaire, et ainsi de suite. N'est-il pas symbolique qu'on ait même besoin de réapprendre à respirer correctement, alors que c'est un des instincts biologiques les plus élémentaires chez un être humain ? C'est dans la mesure où les exercices proposés ici peuvent aider à se rééduquer pour retrouver son équilibre qu'on peut parler d'une « thérapie » — une intervention consciente dans le but de restaurer des mécanismes naturels d'équilibre. En réalité, il y a beaucoup de choses qui peuvent avoir une valeur thérapeutique, pour peu qu'on sache la reconnaître et l'exploiter correctement : la nourriture qu'on mange, les vêtements qu'on porte, sa démarche et sa posture assise, les mouvements qu'on fait, les couleurs et les sons dont on s'entoure — tout cela peut avoir un effet thérapeutique sur nous, c'est-à-dire nous aider à trouver un meilleur équilibre, notamment entre le physique et le mental. La plupart d'entre nous travaillent avec leur tête beaucoup plus qu'avec leur corps, ce qui ne fait qu'aggraver notre tendance naturelle à expérimenter le monde à travers nos pensées, plutôt que de manière plus directe et plus simple. Moins on fait d'effort physique et plus on a tendance à se faire du souci...

Quel que soit le nom qu'on donne à ces exercices — « méditation » ou « thérapie » —, ils peuvent en tout cas nous aider à restaurer ce sens des équilibres naturels, ne serait-ce que grâce à la détente nécessaire à leur exécution. La relaxation est indispensable à toute forme de thérapie ou de méditation ; quand on vient de fournir un effort physique et qu'on fait une pause pour boire un petit café ou une tasse de thé, c'est à la fois un moment de rafraîchissement et de détente, qui s'apparente déjà un peu à un exercice de méditation ou de thérapie, si on sait bien se détendre. A l'opposé, si on passe sa journée à avaler des cafés à la chaîne, non seulement on ne se détendra pas, mais on sera encore plus tendu et énervé qu'au départ. De même, on ne tirera pas grand-chose des exercices si on se jette dedans en étant complètement crispé et tendu. Il ne s'agit pas d'une recette miracle qui vous fasse instantanément passer de la confusion à l'état de grâce, mais d'exercices mentaux qui requièrent une certaine concentration. C'est pourquoi, lorsqu'on se sent particulièrement tendu, énervé ou stressé, il est important de faire d'abord de l'espace dans sa tête en se détendant un peu avant de commencer les exercices. Dans ce cas-là, on aura tout intérêt à commencer par une activité un peu physique — une promenade, du jardinage, un peu de ménage —, après quoi on se sentira plus calme et détendu, prêt à travailler ses «muscles» mentaux.

Conseils pratiques pour l'exécution des exercices

Les exercices sont présentés sous la forme d'une séquence qu'il est recommandé de suivre dans l'ordre. La progression des exercices n'est pas organisée de manière arbitraire, elle correspond à l'apprentissage graduel de différentes aptitudes mentales. Il est donc important de considérer ces exercices comme un tout et de les pratiquer l'un après l'autre, selon le programme établi. Et il ne faudra pas s'attendre à grand-chose si on saute des exercices qu'on n'aime pas, qu'on se concentre exclusivement sur celui ou ceux qui vous plaisent, ou qu'on papillonne entre plusieurs. Il s'agit en effet d'un ensemble dont chaque élément est indispensable pour assurer la cohérence et l'efficacité du tout. Si un athlète ne travaille que ses abdominaux et ses pectoraux, il risque d'avoir un torse hyperdéveloppé posé sur des jambes de criquet, au lieu du corps harmonieux de celui qui cultive l'ensemble de ses muscles de manière équilibrée.

On a évidemment intérêt à pratiquer ces exercices aussi régulièrement que possible, les bienfaits étant à la mesure de l'effort qu'on y investit. Reconnaissons que si quelque chose nous tient à cœur, on trouve toujours le moyen de le faire : si des gens qui ont des journées de travail très chargées renoncent à la douceur de leur lit aux aurores pour aller courir ou jouer au tennis, c'est parce qu'ils sont convaincus que ça leur fera du bien, et qu'ils sont prêts à faire l'effort nécessaire pour gagner ce supplément de bien-être. Si on s'aperçoit que les exercices ont une certaine pertinence pour nous, personnellement, on trouvera le temps de les faire, comme les joggers du petit matin. Plus on s'investit dans quelque chose, mieux on y réussit. Cela dit, toute pratique est utile, même si elle reste limitée et si on n'est pas encore capable d'une grande régularité. Même si, dans un premier temps, on ne fait que lire les exercices, on peut avoir envie d'y revenir et de les pratiquer plus tard, à un moment où on en ressentira vraiment le besoin.

A mesure qu'on avancera dans le programme d'exercices, on aura peut-être l'impression que certains ont mieux marché que d'autres, ce qui n'est pas grave. L'important, c'est de les faire tous de son mieux, l'un après l'autre, mais sans se polariser sur l'idée d'un «résultat». Ne vous découragez pas si vous rencontrez quelques difficultés et persévérez simplement dans votre pratique. En revanche, si vous en arrivez à un point où vous avez l'impression de vous battre continuellement contre vous-même ou contre l'exercice qui vous pose problème, mieux vaut l'interrompre et vous accorder une pause d'un jour ou deux, avant de le reprendre. En effet, on ne gagne rien à trop forcer, car cela nous rend de plus en plus tendus, alors qu'il s'agit au contraire de laisser l'esprit se détendre au maximum. Pendant le temps où vous vous reposerez de l'exercice, ne cessez pas toute pratique mais reprenez les trois premiers, «Relaxation» (n° 2), «Sentir» (n° 3), et «S'ouvrir» (n° 4). Ils vous aideront à vous détendre pour revenir à l'exercice «difficile», l'esprit rafraîchi.

Si vous êtes assailli par des multitudes de pensées pendant les exercices, ne vous faites pas de souci. Dès que vous vous rendez compte de votre distraction, détendez-vous simplement, et concentrez-vous à nouveau sur l'objet de votre méditation. Si cela ne suffit pas, on peut aussi faire une petite pause ou faire les exercices de relaxation, avant de reprendre le fil de l'exercice. Il faut apprendre à reconnaître le moment où l'on risque d'être trop dur, ou au contraire trop coulant avec soi, pour essayer de garder une juste mesure.

Vous constaterez que plusieurs exercices sont basés sur une visualisation[1] du Bouddha. Il ne s'agit pas du Bouddha en tant que personnage historique et religieux, mais en tant que symbole du triomphe de la pureté intrinsèque de l'esprit — éveillé et rempli de compassion — sur les souillures qui la voilaient transitoirement. Cependant, si ce symbole vous dérange pour des raisons intellectuelles ou religieuses, imaginez à sa place l'essence de la compassion universelle, sous la forme d'une sphère de pure lumière dorée.

Les exercices qui vont suivre ne prétendent pas vous donner des pouvoirs supranormaux, mais vous aider à faire face à toutes les circonstances auxquelles on se trouve confrontés, jour après jour, dans sa vie quotidienne. Si vous avez l'impression d'y arriver un peu mieux, surtout pour ce qui est de faire face à vos difficultés, vous êtes sur la bonne voie. Cela dit, il faut savoir être patient et ne pas s'attendre à avoir tout de suite des résultats spectaculaires : on n'efface pas du jour au lendemain de longues années d'habitudes et de réflexes égocentriques. On trouvera un certain réconfort et un encouragement à se souvenir qu'on ne fait pas tout ce travail pour soi tout seul ou pour un résultat immédiat, mais aussi pour tous les autres, et avec d'immenses bienfaits à long terme, pour eux comme pour nous.

Si, en dépit d'une bonne dose d'efforts et de patience, on continue à avoir beaucoup de mal à faire face au quotidien, à ce qu'on a en soi et autour de soi, on peut rentrer en contact

1. Visualisation : voir l'exercice n° 8 pour une explication de ce terme.

avec l'auteur[1] ou les personnnes qui collaborent à la mise en œuvre des programmes d'exercices. On peut aussi essayer de se faire aider par un bon maître spirituel, ou s'intégrer à un groupe qui pratique déjà ces exercices et qui peut donc offrir un certain soutien. Néanmoins, il est important de ne pas se précipiter dans les bras du premier «gourou» venu, et de bien s'informer sur la valeur du maître ou du groupe concernés.

Une fois le programme d'exercices entièrement terminé, on pourra se servir à volonté de telle ou telle méditation, en fonction des difficultés spécifiques qu'on rencontrera. Chaque exercice joue en effet un rôle particulier, l'ensemble constituant une bonne préparation pour ceux qui voudraient ensuite suivre une démarche spirituelle.

Un dernier point important: ce qu'on apprend et qu'on comprend en faisant les exercices n'est pas fait pour rester lettre morte, mais pour être *mis en pratique*. A quoi sert de méditer sur la compassion pendant une heure si, la minute d'après, on est déjà en train de faire une scène à sa femme ou de se disputer avec son voisin? Ce que vous avez appris doit devenir une seconde nature, quelque chose qui vous accompagne partout et en toute circonstance. Afin de consolider votre motivation et d'éviter de vous replier sur vous-mêmes, concluez chaque séance de travail sur les exercices en ayant une pensée pour les autres, sur le thème suivant:

Je souhaite pouvoir appliquer dans ma vie quotidienne et partager avec tous ceux qui souffrent, physiquement ou moralement, tout ce que j'ai appris ou compris aujourd'hui. Que mes efforts se conjuguent au pouvoir de la compassion universelle pour les aider à surmonter leurs difficultés et à retrouver le bonheur.

1. Pour entrer en contact avec l'auteur à propos des exercices, consultez l'annexe p. 232.

Question : *Faut-il éviter de se donner des objectifs trop ambitieux quand on entreprend de faire les exercices ?*

Réponse : Il n'est pas très utile d'escompter de trop grands résultats, car cela nous amènerait à forcer un peu les choses. Les exercices ne sont pas faits pour transformer le noir en blanc du jour au lendemain, mais pour qu'on en intègre les enseignements dans sa vie quotidienne.

Question : *Quand vous parlez de l'ego renforcé par l'éducation, est-ce la même chose qu'un fort sentiment de son identité ? Y a-t-il du bon dans l'ego ? Ne nous est-il pas nécessaire pour fonctionner normalement dans le monde ?*

Réponse : On a évidemment besoin d'un certain ego fonctionnel, de quelque chose qui se dise : « Je veux aller là, il faut que je fasse ça. » Mais une fois que l'ego a joué son rôle en établissant cette identité élémentaire, il n'est plus nécessaire de s'y cramponner et il faut être prêt à s'en détacher, comme quand on jette une vieille paire de chaussures usées. On a donc besoin d'une certaine forme d'ego au départ, mais une fois qu'il a servi, on n'en n'a plus besoin.

Question : *Si pour une raison ou pour une autre on n'a pas envie de visualiser le Bouddha, peut-on imaginer à sa place Jésus ou un autre grand maître en qui on croit ?*

Réponse : Quand on parle d'un « Bouddha », on veut dire un être qui a toutes les qualités que décrit ce nom : quelqu'un dont l'esprit s'est totalement purifié et éveillé à la véritable nature des choses, dont la compassion est universelle, et qui est entièrement dévoué aux autres. Si c'est cela que Jésus représente pour vous, alors cela revient au même d'imaginer le Christ ou le Bouddha.

Question : *Si on commencé à pratiquer les exercices régulièrement et qu'on a été amené à les interrompre pendant des semaines ou des mois, pour une raison ou pour une autre, peut-on les reprendre à l'endroit où l'on s'était arrêté, ou vaut-il mieux tout recommencer ?*

Réponse: Tout dépend de ce que vous avez tiré des exercices que vous aviez déjà faits. Si vous avez l'impression que vous les avez bien assimilés et qu'ils vous ont vraiment fait du bien, vous pouvez continuer là où vous vous étiez arrêté précédemment. Autrement, il vaut mieux recommencer au début.

Question: *Comment peut-on éviter de tomber dans les pièges de la pratique spirituelle, comme celui de l'orgueil qu'on ressent quand on a l'impression d'avoir fait des progrès? Je me demande si, quand on pratique tout seul, avec le livre, et sans maître à côté de soi, on ne risque pas d'évoluer de travers?*

Réponse: Il est fort possible que l'image que vous vous faites de vous-mêmes depuis votre naissance ne corresponde pas à la réalité, si vous ne vous êtes jamais analysé. Peut-être vous faites-vous une idée de vous-même qui est dénuée de tout fondement, mais vous n'en savez rien, d'autant plus que personne ne vous a jamais dit si cette image de vous était fidèle ou pas. On peut toujours se dire «je suis la Lumière», ou le Bouddha, ou le Christ, mais ce n'est évidemment qu'un fantasme. C'est pourquoi il est très utile qu'on nous dise parfois qu'on n'est pas aussi beau, aussi vertueux ou aussi fantastique qu'on le croyait, parce que cela nous évite de croire à cette image de soi qu'on projetait, et de nous identifier encore plus à elle. Et c'est dans ce sens-là qu'un maître peut nous épargner ce genre d'erreur en démystifiant nos illusions et en nous guidant dans la bonne direction. Il est donc vrai qu'on peut se tromper en se fiant uniquement à un livre, car on risque de l'interpréter exclusivement dans le sens de l'image qu'on s'est créée de soi, et une telle démarche est parfaitement stérile. J'ajouterai qu'un livre a de toute façon les limitations inhérentes à tout support écrit: il donne un cadre de référence général, fixé une fois pour toutes sur le papier, alors que la vie change constamment et que chacune des circonstances qu'on rencontre est unique.

Question: *Alors, comment éviter ce genre de problème quand on ne travaille pas sous la direction d'un maître?*

Réponse: Essayez de mettre l'accent sur la compassion, autant que vous le pourrez, et laissez-vous guider par cela en attendant de rencontrer quelqu'un qui connaisse la démarche dont on parle ici.

Question: *Un surcroît d'émotions négatives et de difficultés est-il nécessairement le signe que quelque chose ne va pas dans sa pratique, ou se pourrait-il que ce soit un effet secondaire de la «thérapie» ramenant à la surface certaines tendances inconscientes?*

Réponse: C'est difficile à dire comme ça, dans l'abstrait; ce pourrait être l'un ou l'autre, ou les deux. Il se peut qu'on ait toujours eu ces émotions négatives en soi, mais qu'on ne s'en soit encore jamais rendu compte parce qu'on était peu conscient de ce qui se passait dans son esprit. Quand on a toujours eu tendance à avoir une trop bonne opinion de soi, on ne voit que ce qu'on veut bien voir — les bons côtés. Si bien que les émotions négatives ont l'air de surgir de nulle part lorsqu'on en prend enfin conscience en s'analysant un peu. Ce n'est peut-être pas une remarque très encourageante, mais ce qui compte, de toute façon, c'est de ne pas prendre trop au sérieux ces sentiments et ces émotions qu'on se découvre. Il s'agit simplement de prendre conscience de ce qui se passe en soi, et si on évite de se polariser sur quoi que ce soit, on ne devrait pas avoir de problèmes majeurs.

Question: *Il y a actuellement beaucoup de gens qui proposent toutes sortes de systèmes de «thérapies». Ces différents systèmes sont-ils généralement tous utiles, et en quoi diffèrent-ils de votre démarche qui se fonde sur le bouddhisme?*

Réponse: Je ne peux pas parler à la place des autres, mais j'imagine qu'il y a des gens qui proposent des thérapies bénéfiques, ce qui est bien. Il y en a d'autres qui réussissent moins bien, et certains peuvent même faire pas mal de dégâts. En réalité, la qualité d'une thérapie dépend énormément de la motivation du thérapeute, dans la mesure où sa personnalité a une grande influence sur ses méthodes. Mais cela dépend aussi de son degré d'expérience, et de la valeur de la tradition sur laquelle il s'appuie: il y a une grande différence entre un système «maison» qu'Untel aura concocté à partir de ses propres idées et celles des autres, glanées par-ci par-là, et les méthodes transmises par une tradition qui a déjà fait ses preuves. Dans l'optique du bouddhisme, la thérapie repose sur des techniques mentales visant à acquérir la maîtrise de l'esprit. Ce qui veut dire que quiconque sait comment dompter l'esprit — par expérience personnelle, et pas seulement à travers une connaissance théorique — est qualifié pour enseigner ces méthodes.

Question: *Comment puis-je renforcer ma motivation, mon désir de pratiquer la compassion? Je suis totalement convaincu de la nécessité de m'y mettre, mais il y a toujours quelque chose qui m'arrête — la paresse, des blocages mentaux.*

Réponse: Ce qui importe, c'est de toujours faire de son mieux, compte tenu des conditions qui sont les siennes, plutôt que d'attendre d'être parfait pour aider les autres. En les aidant, on s'aide aussi soi-même, et même s'il arrive qu'on se trompe, on peut en tirer des leçons qui nous permettront de nous améliorer. Mieux vaut fonder votre pratique sur l'idée que vous êtes prêt à aider tous ceux qui auront besoin de vous, et de faire tout ce que vous pourrez dans ce sens, que de dire aux gens: «J'aimerais bien vous aider, mais je ne suis pas encore tout à fait prêt.»

Question: *Quelle est la différence, ou le rapport, entre la thérapie et la méditation?*

Réponse: Il n'y a pas tellement de différence entre thérapie et méditation. Faire de la thérapie veut dire traiter, soigner, guérir, et aussi prévenir les maladies, les déséquilibres. Prenons un exemple simple pour schématiser: si vous vous faites une coupure au doigt et que vous y mettez un sparadrap, cela relève d'une thérapie physique ; si en même temps vous en profitez pour apprendre à ne plus vous couper une prochaine fois, cela participe d'un aspect mental de la thérapeutique. Toute thérapie qui s'occupe de l'aspect mental des choses s'apparente à la méditation.

Question : *Ce qui voudrait dire que, quand on sait méditer correctement, on ferait de la thérapie en méditant ?*

Réponse : Oui, c'est vrai. Mais cela s'applique également à d'autres choses : manger, dormir, porter des vêtements, et se détendre, tout cela fait partie d'une thérapie au sens large — tout ce qui répond adéquatement à nos besoins.

Question : *Qu'est-ce qu'on entend vraiment par « avoir de la compassion » ?*

Réponse : A mon sens, avoir de la compassion signifie inclure tout le monde dans votre vie. Pour cela il faut comprendre que nous courons tous après le bonheur, les autres comme nous-mêmes, et que nous cherchons tous à éviter la souffrance ou le malheur. L'ennui, c'est qu'à cause de notre ignorance de la véritable nature des choses, on est incapable de trouver le bonheur, alors qu'on n'arrête pas d'avoir des peines et des difficultés de tous ordres. La compassion, c'est l'amour inconditionnel. C'est la volonté d'aider quiconque a besoin de votre aide, et avec la même sollicitude pour tous : que celui qu'on aide puisse vous être utile, qu'il soit furieux contre vous ou violent, ou même qu'il vous accuse de choses que vous n'avez pas faites — ça ne changera rien à la volonté de les aider. Au contraire, de telles réactions ne feront que l'intensifier. On n'attend rien pour soi, on n'escompte aucun résultat. Et si un malheureux hasard faisait qu'on se retrouve en prison à cause de ce qu'on a fait pour aider quelqu'un, la compassion amènerait à se réjouir d'avoir pu prendre sur soi le fardeau de l'autre, en échange de son propre bonheur. C'est cela, la vraie compassion, celle qui donne tout sans rien attendre en retour.

Question: *Vous avez mentionné à un moment donné que, si on pratique correctement les exercices, on peut se dire qu'on va dans le bon sens. Qu'entendez-vous par là? Y-a-t-il des signes qui permettent d'évaluer ses progrès?*

Réponse: Je pense que si vous constatez qu'en pratiquant les exercices vous arrivez à vivre un peu mieux les différents événements du quotidien et à y faire face plus adéquatement, c'est qu'il y a un certain progrès. Si on fait correctement les exercices, on aura moins tendance à se créer des problèmes et à se mettre dans des situations difficiles. On développera le meilleur de soi-même pour devenir un être humain vraiment digne de ce nom.

PLAN DE TRAVAIL

Voici quelques indications pratiques qui vous donneront une idée du temps qu'il est nécessaire de passer sur chaque exercice, afin de vous permettre d'organiser votre travail.

Remarques préliminaires :

* Insistons à nouveau sur le fait qu'il est important de bien suivre l'ORDRE des exercices et de ne passer au suivant qu'après avoir effectué le temps d'apprentissage prévu pour chacun.

* La DURÉE DES SÉANCES correspond à ce qui est souhaitable si on veut vraiment tirer le maximum de profit des exercices. Que faire si, par exemple, on est déjà très occupé et qu'on n'a qu'une demi-heure par jour à leur consacrer, ou si, bien qu'ayant du temps, on ne se sent pas capable de s'astreindre à suivre complètement le programme recommandé? Vaudrait-il mieux ne rien entreprendre? En fait, tout effort vaut la peine: l'essentiel est de vous fixer une séance de travail quotidienne dont vous déterminerez vous-même la durée, en fonction de vos obligations, et de vous y tenir. Il est beaucoup plus bénéfique de pratiquer une demi-heure par jour, régulièrement, qu'une heure par-ci, deux heures par-là. C'est la continuité de l'effort qui importe.

Au départ, on préférera peut-être faire deux séances brèves plutôt qu'une plus longue; ce qui ne pose pas de problèmes, du moment qu'on les fait régulièrement.

La durée totale de pratique d'un exercice — quelques

jours, une semaine ou plus — est un MINIMUM donné à titre indicatif; on ne gagnerait rien, bien au contraire, à vouloir passer trop vite à l'exercice suivant.

Calendrier et durée minimale de pratique des exercices

1. POSTURE: quelques minutes avant le début de chaque séance de travail. A utiliser à volonté, selon les besoins.

2. RELAXATION: un quart d'heure, avant chaque séance. Ensuite, à volonté selon les besoins.

3. SENTIR: 1 semaine, à raison d'une séance d'une heure par jour.

4. S'OUVRIR: 3 jours, une séance de 20 minutes par jour. Ensuite, à volonté, dès qu'on se sent un peu trop contracté.

5. L'ARC-EN-CIEL: 1 semaine, à raison d'une heure par jour.

6. LE MIROIR:

Première partie — 1 semaine, minimum; 15-20 minutes une ou deux fois par jour.

Deuxième partie — 3 ou 4 semaines; 15-20 minutes par jour.

7. L'AMI: 3 à 4 semaines; 45 minutes par jour.

8. LE BOUDDHA INTÉRIEUR: 1 semaine; une séance d'une heure quarante-cinq minutes par jour.

9. ANIMER LE BOUDDHA INTÉRIEUR: 4 semaines; une séance d'une heure quinze minutes par jour.

10. EXPANSION, CONTRACTION: 3 semaines; une heure par jour.

11. L'ENNEMI: 4 semaines, une heure vingt minutes par jour.

12. PRENDRE SUR SOI LA SOUFFRANCE DE SES PARENTS ET DE SA FAMILLE : 2 semaines ; une heure quinze minutes par jour.

13. PRENDRE SUR SOI LA SOUFFRANCE DE SON PAYS, DE SES AMIS ET DES ANIMAUX : 2 semaines, une heure quinze minutes par jour.

14. PRENDRE SUR SOI LA SOUFFRANCE DE SES ENNEMIS : 4 semaines ; une heure et demie par jour.

15. LA SPHÈRE D'ARC-EN-CIEL : 6 semaines en tout : une heure par jour pendant une semaine, pour chaque couleur.

16. LA COMPASSION UNIVERSELLE : 4 semaines ; une demi-heure par jour.

Exercice n° 1

LA POSTURE

Vous avez décidé d'apprendre à dompter le tigre intérieur, à trouver la paix en vous-même. Voici quelques dispositions pratiques destinées à vous faciliter l'apprentissage des exercices: il s'agit de définir l'endroit et la posture dans laquelle vous allez vous installer.

Se choisir un lieu approprié

Le lieu dans lequel on s'installe est particulièrement important pour un débutant. Il faut essayer de se trouver un endroit relativement tranquille — tant que faire se peut — à l'extérieur ou à l'intérieur, mais à l'écart du bruit, des conversations, et plus généralement de tout ce qui risque de vous causer trop de distraction.

On peut s'installer dehors, à la campagne, par exemple, ou dans tout autre lieu calme — un parc, un jardin. Les «bruits» naturels comme celui de l'eau qui coule ou le chant des oiseaux ne posent pas de problèmes, d'autant qu'ils sont souvent plutôt détendants. Si on en a l'occasion, il est particulièrement bon de s'asseoir au sommet d'une colline ou d'un endroit qui domine le reste du paysage, ou au bord de la mer, s'il n'y a pas trop de distractions autour de soi. Il est évidemment rare de se trouver dans un endroit parfaitement paisible, mais on peut tout au moins chercher le coin le plus calme possible pour s'y installer, si on veut méditer dehors.

Si on reste à l'intérieur, il faut s'installer dans un endroit calme, c'est-à-dire un coin où l'on ne risque pas d'être dérangé par toutes sortes de choses susceptibles de nous distraire (le téléphone, des gens qui parlent, la télévision, la radio ou de la musique). La pièce doit être assez aérée et pas surchauffée : ni une glacière où on grelotte, ni une étuve où il fasse si chaud qu'on risque de tomber dans une douce torpeur. En général, il vaut mieux avoir un tout petit peu moins chaud que trop chaud, pour que l'esprit ne s'assoupisse pas et reste alerte.

Une bonne posture

Une fois qu'on a trouvé un bon endroit où s'installer, il faut apprendre à trouver une posture correcte. Notre attitude corporelle a effectivement une grande influence sur nous, à tout moment de la vie, bien sûr, mais encore plus pendant les exercices de méditation. La posture qu'on adopte peut faciliter ou au contraire entraver la respiration et une bonne circulation du sang et des énergies nerveuses dans le corps ; elle influera donc de manière positive ou négative sur l'état de nos organes. La médecine tibétaine et la médecine chinoise montrent bien comment notre corps est parcouru de tout un réseau de canaux subtils — les méridiens — qui véhiculent l'énergie à travers l'ensemble du corps et les différents organes. C'est sur ce principe que reposent l'acupuncture et les techniques de massage qui y sont associées ; elles permettent de traiter certaines maladies organiques en rétablissant les équilibres énergétiques par l'intermédiaire de certains points d'énergie situés à différents endroits des méridiens. C'est pourquoi la posture a de l'importance quand on s'assoit, afin de ne pas entraver la libre circulation de l'énergie — y compris l'énergie mentale — dans le corps.

Si l'on est bien assis, les énergies pourront se déplacer librement dans le corps et on n'éprouvera pas de sensation de gêne ou d'inconfort. Ce qui ne veut pas seulement dire un inconfort physique — chacun sait ce que c'est que d'avoir des fourmis dans les jambes —, mais mental : si les énergies ne circulent pas bien dans le corps, on peut se sentir mal à l'aise, déprimé et déséquilibré. Si on s'assied n'importe comment, on se sentira peut-être bien pour commencer, mais on risque de se sentir de plus en plus déprimé, au bout de quelques jours. Une mauvaise posture, comme par exemple quand on a la tête trop enfoncée dans les épaules, peut commencer par provoquer une sensation de dépression, pour déboucher sur une surexcitation incontrôlable qui peut vous rendre irritable et coléreux. Comme quoi une erreur de posture peut mener à une scène de ménage ou à une querelle de famille...

Certains préféreraient peut-être s'asseoir n'importe comment et s'exposer volontairement à des sensations ou à des émotions violentes. Ce n'est guère à conseiller, d'autant qu'on a déjà bien assez à faire avec nos débordements habituels sans avoir à en susciter d'autres en plus! C'est pourquoi on a tout intérêt à prendre une posture qui favorise une certaine modération des processus mentaux.

Il est recommandé, si on le peut, de s'asseoir jambes croisées, de préférence dans la posture du lotus ou du demi-lotus (fig. 1 et 2). Si on n'y arrive pas, parce qu'on a les jambes trop raides ou des problèmes de santé particuliers, pas la peine de se faire mal en se contorsionnant à tout prix: on peut aussi apprendre à s'asseoir correctement sur une chaise (figure 3). Cela dit, si on est jeune et qu'on n'a pas de handicap particulier, cela vaut la peine de faire l'effort de dépasser ses douleurs initiales et d'apprendre l'une de ces postures.

Qu'on s'asseye dans la position du lotus ou du demi-lotus (ou si on n'y arrive pas, en tailleur) il faut toujours rabattre la jambe gauche vers soi en premier, la droite venant se placer sur elle (ou sous elle, dans le cas du tailleur). Puis vient le plus important: on redresse le dos de façon à ce qu'il forme une ligne droite allant de la base de la colonne vertébrale jusqu'à la nuque. C'est en effet dans le dos que se trouve tout le réseau nerveux qui fait communiquer les organes avec le cerveau, et si le dos est droit, les énergies

Figure 1

Figure 2

Figure 3

nerveuses circuleront de manière équilibrée dans l'ensemble du corps. Pour être bien assis, il faut se sentir en équilibre, les épaules bien redressées tout en restant détendues, sans les forcer vers l'arrière et sans qu'il y en ait une qui remonte plus que l'autre.

Un bon coussin est un auxiliaire important de la posture car il aide à maintenir le dos droit : on choisira un petit coussin carré assez dur, d'environ quarante centimètres de côté et de six à douze centimètres d'épaisseur. Cela dit, à chacun d'expérimenter un petit peu pour trouver ce qui lui convient le mieux, selon sa conformation physique et la posture qu'il adopte. Si on s'assied en lotus, il vaut mieux prendre un coussin un peu plus épais — une douzaine de centimètres, environ.

Si le lotus ou le demi-lotus posent trop de problèmes, on peut aussi s'asseoir en tailleur, comme on l'a déjà mentionné, ou à genoux, les jambes légèrement écartées, assis sur un petit tabouret bas ou sur plusieurs coussins empilés à la bonne hauteur, afin de maintenir le dos droit (figure 4).

Il y a deux positions au choix, pour les mains. On peut simplement les laisser reposer à plat, les paumes posées sur les genoux, les coudes légèrement en extension (comme sur les fig. 3 et 4). Ou bien on place ses deux mains l'une sur l'autre, devant soi, légèrement posées sur les jambes : on pose la main gauche en premier, le dos de la main sur les jambes, la paume tournée vers soi et les doigts légèrement arrondis vers le haut, en forme de coupelle. On y pose la main droite, elle-même dans la même position que la gauche, et on joint les deux pouces en arceau (comme dans la figure 1). Il est important de garder les mains souples et détendues : il ne s'agit pas d'appuyer avec force — contre les jambes, ou une main contre l'autre, ou les pouces entre eux — mais de leur laisser prendre cette position avec autant de détente et de naturel que possible, ce qui n'est pas difficile, une fois qu'on en a l'habitude.

Une fois le dos bien droit et les mains détendues, on

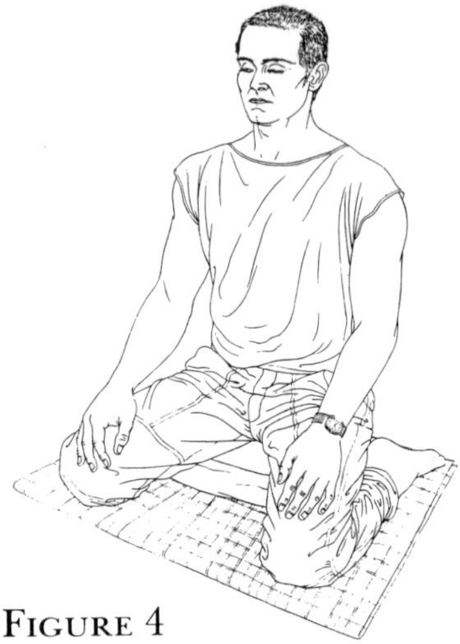

FIGURE 4

FIGURE 5

FIGURE 6

complète la posture en inclinant légèrement la nuque vers l'avant, comme pour rentrer un peu le menton dans le cou. On laisse la bouche à peine entrouverte, la langue reposant sur le palais ; on peut ainsi, au besoin, respirer à la fois par le nez et par la bouche, selon ce qui nous convient le mieux. Quant aux yeux, il est préférable de les garder ouverts, sauf pour les visualisations, car ce peut être un peu difficile, surtout pour les débutants. On fixe son regard devant soi, à peu près à la hauteur des narines, sur un point virtuel distant de cinquante centimètres à deux mètres. Il ne s'agit pas de concentrer son regard pour voir quelque chose, mais de le poser là, devant soi, sans effort visuel. Si vous portez habituellement des lunettes, enlevez-les.

Toutes ces dispositions peuvent sembler un peu compliquées ou pénibles, mais cela vaut la peine de faire l'effort nécessaire pour se donner les meilleures conditions possibles dès le départ. Cela dit, il ne faut pas trop forcer et se croire obligé de souffrir le martyre, car si la posture est importante, il est tout aussi capital de rester décontracté : il ne s'agit pas d'enfermer le corps dans une camisole de force pour le contraindre à se tenir raide comme un balai. Une bonne posture est un juste équilibre entre l'effort et la décontraction, afin de créer les meilleures conditions possibles pour la stabilisation de l'esprit. Il faut être ni trop tendu, ni trop relâché, un peu à la manière dont les fibres du coton adhèrent les unes aux autres et assurent une cohésion d'ensemble sans pour autant être nouées entre elles.

Cela dit, si on sent une trop forte résistance en soi par rapport à la posture, ou un excès de tension, on peut faire les trois premiers exercices de la série en position allongée. (fig. 6) Comme pour la posture assise, l'essentiel est d'avoir le dos bien droit. Pour que la nuque soit bien dans l'alignement de la colonne vertébrale, il faut aussi rentrer un peu le menton : au besoin, on peut se mettre un livre, un coussin ou une couverture pliée sous la tête. Si on a des douleurs dans le bas du dos, il est bon de surélever un peu les genoux avec des coussins pour éliminer tout inconfort dans la région lombaire (fig. 5). Néanmoins, il vaut mieux considérer cette position couchée comme un dépannage temporaire et, une fois que vous aurez un peu l'habitude des exercices, essayez de vous trouver une posture assise raisonnablement confortable.

Question : *Pourquoi est-il préférable de s'asseoir en croisant les jambes plutôt qu'à genoux et en appui sur un petit tabouret ou sur des coussins?*

Réponse: Parce que c'est la posture jambes croisées qui a généralement l'effet le plus positif sur l'esprit. Mais il n'y a pas de mal à se mettre à genoux si on ne peut pas croiser les jambes.

Question : *Faut-il persévérer dans ses tentatives de s'asseoir jambes croisées, même si on a les jambes très contractées et les genoux qui remontent en l'air? Et si oui, pouvez-vous suggérer quelque chose qui facilite un peu la tâche?*

Réponse: Oui, il faut persévérer. On a intérêt à faire des exercices d'assouplissement pour arriver à la meilleure posture possible, compte tenu de ses aptitudes physiques personnelles. Chacun a ses difficultés propres, mais on doit pouvoir les surmonter en faisant régulièrement de l'assouplissement et en s'aidant de massages. L'important est d'y aller doucement et de ne pas trop forcer.

Question : *Voyez-vous quelque chose de significatif dans le fait que les Occidentaux aient pris l'habitude de s'asseoir sur des chaises?*

Réponse: Je ne pourrais pas le dire avec certitude... Peut-être cela montre-t-il qu'on ne peut pas rester en place, qu'on est toujours prêt à sauter sur ses pieds et à bouger. Ou bien s'agirait-il d'une certaine paresse? Quand on est assis sur une chaise, on n'a pas tellement à se fatiguer pour se lever ou pour se coucher, parce qu'on se trouve déjà à mi-chemin des deux ! Mais c'est bien sûr une supposition entièrement gratuite de ma part...

Question : *J'ai moins de mal à m'asseoir jambes croisées si je rabats la jambe droite avant la gauche, à l'inverse de la posture que vous avez expliquée. Est-ce que ça va?*

Réponse: Tout dépend de jusqu'où vous voulez aller en entreprenant cette thérapie : si vous en attendez seulement un bienfait physique, cela ne devrait pas poser de problème. Mais si vous souhaitez continuer jusqu'à la méditation, il serait sans doute mieux de vous entraîner progressivement à vous asseoir de la manière qui a été indiquée, même si cela n'a pas encore trop d'importance pour l'instant.

Exercice nº 2

RELAXATION

Les deux exercices de relaxation qui suivent sont basés sur la **respiration** et servent à se détendre au début de chaque séance. On peut choisir l'une ou l'autre version de l'exercice, selon ses préférences.

Il est important de respirer naturellement, sans forcer. L'inspiration peut éventuellement être plus profonde et plus prolongée que d'habitude, si ça vient naturellement. Le **rythme** auquel s'effectue le cycle de respiration de chaque version de l'exercice peut être adapté à l'état mental dans lequel on se trouve: on peut le faire un peu plus rapidement si l'on se sent particulièrement mal ou sous le coup de violentes émotions, ou au contraire plus lentement, si on se sent calme et détendu.

Si vous avez du mal à vous détendre pendant cet exercice de respiration, ou n'importe quel autre, d'ailleurs, étendez-vous un moment et laissez aller et venir vos pensées et vos sentiments à leur gré — tout ce qui vous passe par la tête. Ensuite, essayez de reprendre l'exercice de respiration en forçant moins qu'avant.

Première version:

L'exercice s'articule sur une respiration en trois phases de durée égale:

1. Inspirez bien à fond tout en comptant jusqu'à cinq.

En fait, ce chiffre cinq est indicatif et vous pouvez le diminuer ou l'augmenter un peu de façon à ce qu'il coïncide avec votre rythme respiratoire naturel à ce moment-là; il faut simplement que ce chiffre reste le même pour chacune des trois phases.

2. Retenez votre souffle et comptez jusqu'à cinq.

3. Expirez (en comptant jusqu'à cinq) par la bouche, car c'est comme cela qu'on évacue le mieux les tensions. Imaginez d'ailleurs, tout en expirant, que vous vous débarrassez de toutes vos tensions, comme si vous vidiez un récipient plein d'eau stagnante, et laissez l'esprit aller et venir à sa guise.

Ne marquez pas de temps d'arrêt à la fin de l'expiration; enchaînez immédiatement sur l'inspiration suivante.

* **Répétez** l'ensemble de l'exercice trois ou quatre fois.

Deuxième version :

Ici, une expiration et une inspiration comptent pour un cycle et l'exercice consiste à compter mentalement vingt et un cycles de respiration.

1. Expirez par la bouche, un peu plus longuement que d'habitude, et faites une brève pause avant d'enchaîner sur l'inspiration.

2. Inspirez par le nez, plus lentement et profondément que d'habitude. Faites une pause avant d'expirer, tout en comptant mentalement «UN», pour ce premier cycle.

* **Répétez** ce cycle vingt et une fois, en comptant à chaque fois. Si vous perdez le fil, recommencez au début.

Choisissez la méthode qui vous convient le mieux et pratiquez-la pendant au moins QUATRE JOURS avant de vous lancer dans la série des exercices. Par la suite, il est bon de commencer systématiquement chaque séance par une brève relaxation; on peut aussi se servir de cet exercice de respiration pour se décontracter quand on se sent un peu tendu, pendant l'exécution d'un autre exercice, ou à tout autre moment du quotidien.

Question: *Y-a-t-il des moments où il serait préférable d'utiliser telle ou telle version de l'exercice, ou est-ce simplement une affaire de goût personnel?*

Réponse: Il y a des gens qui préfèrent la première version, d'autres la seconde. Il n'y a absolument aucune différence, choisissez celle qui est la plus facile pour vous.

Question: *En ce qui concerne la première version de l'exercice, est-ce qu'il faut fermer la gorge ou non pendant qu'on retient son souffle?*

Réponse: Il n'y a pas à faire d'effort spécial, dans un sens ou dans un autre. Faites ce qui vous vient naturellement.

Question: *Quand je fais ces exercices de respiration, il m'arrive de rester aussi tendu qu'au départ, et je me sens même parfois encore plus contracté. Est-ce que ça veut dire que je ne respire pas comme il faut?*

Réponse: Pas forcément. Je ne crois pas que vous ayez à vous préoccuper de votre respiration. Étendez-vous simplement un moment et laissez-vous aller complètement, décontractez-vous un peu. Vous pourriez aussi essayer de faire l'exercice suivant: «Sentir».

Question: *Rinpoché, j'ai de l'asthme et j'ai tendance à ressentir une certaine appréhension quand je fais les exercices de respiration. Comment dépasser cette peur?*

Réponse: Dans ce cas-là, je ne crois pas qu'il soit absolument essentiel de faire les exercices de respiration. Essayez simplement de vous détendre.

Question: *Si par exemple le téléphone sonne pendant l'exercice, peut-on l'interrompre et le reprendre ensuite, là où l'on s'était arrêté précédemment?*

Réponse: Ce n'est pas dramatique en soi, mais il est sûr que l'exercice perd beaucoup de sa valeur si l'on est sans cesse interrompu et distrait.

Exercice n° 3

SENTIR

Cet exercice vise à nous réconcilier avec une des données les plus élémentaires de notre vie: ce que l'on ressent, tant au niveau physique qu'émotionnel. Une des retombées appréciables de l'observation des sensations physiques est l'impression de profonde détente qu'elle procure. Mais cela va beaucoup plus loin qu'un simple exercice de relaxation: le simple fait de regarder en face des choses très personnelles qu'on préfère normalement occulter permet de liquider certaines appréhensions et les tensions qui sont liées à la peur de confronter la réalité — une réalité qui s'avère souvent beaucoup plus simple que l'idée redoutable qu'on s'en était faite. On apprend à identifier très précisément tout ce qu'on ressent, et à accepter toute la gamme des sensations et des sentiments observés — des plus agréables aux plus pénibles. C'est cet apprentissage de la reconnaissance et l'acceptation de ce vécu intérieur qui va ensuite servir de base à la réalisation de l'objectif essentiel de cette thérapie: faire face aux choses et aux gens, tels qu'ils se présentent à nous dans le quotidien.

On a trop souvent tendance à faire le tri de ce qu'on ressent: on court après les sensations agréables, physiques ou affectives, tout en s'efforçant d'échapper à ce qui nous est désagréable. A l'autre extrême, on peut être tellement accaparé par la douleur ou par la peine qu'on aura du mal à voir et à comprendre que la souffrance n'est pas quelque chose de solide et d'immuable. Que, comme toute autre sensation, elle n'est pas une donnée fixe, mais un flux d'expérience constamment en train de changer et d'évoluer, et parcouru d'autres courants neutres ou positifs. On touche là à la manifestation de l'impermanence au niveau le plus subtil et intime de l'expérience, une réalité qu'on découvrira de plus en plus en pratiquant cet exercice. Ce qui nous permettra d'acquérir progressivement une attitude plus détendue par rapport à nos sentiments et nos sensations.

Description de l'exercice

1. *Mise en place*

Asseyez-vous le dos droit, ou étendez-vous bien à plat, et prenez conscience du contact de votre corps avec votre coussin, votre siège ou le sol. Sentez bien tous les points de contact et les différences d'intensité de l'appui, d'un endroit à l'autre. Remarquez comment les mouvements de votre respiration modifient très légèrement la pression qui s'exerce aux différents points de contact entre le corps et ses supports. Quand vous aurez pris conscience de ces sensations affectant votre corps assis ou étendu, vous pourrez passer à l'étape suivante qui rentre dans une analyse plus détaillée.

2. *Analyse détaillée des sensations physiques*

A. *De bas en haut*

Observez les sensations que vous ressentiez dans le gros orteil de vos pieds. Si vous ne sentez rien de particulier, constatez-le simplement et passez aux deux orteils suivants, en notant ce que vous ressentez dans les deux pieds.

Déplacez progressivement votre attention des orteils vers l'ensemble du pied et soyez attentif à la moindre différence de sensation que vous pourrez observer d'un point à un autre, en remontant à travers le pied : une sensation de froid, de chaleur, de lourdeur, de légèreté, de chatouillement, de pesanteur, de flottement, etc. Enregistrez ce que vous sentez, sans faire de commentaires intérieurs là-dessus.

Continuez à déplacer votre attention en remontant le long des jambes et jusqu'aux hanches, tout en prenant conscience de ce que vous ressentez. Passez ensuite aux bras en commençant par les doigts ; remontez à travers les mains et les bras jusqu'aux épaules. Ramenez votre attention vers la base de la colonne vertébrale et remontez tout doucement, de vertèbre en vertèbre ; constatez au fur et à mesure tout ce que vous sentez, dans le dos et dans le reste du torse. Remarquez les sensations liées à certains organes et au mouvement de la respiration. Dans la mesure du possible, contentez-vous de simplement constater vos sensations, sans les analyser, les expliquer ou les répertorier.

Quand vous atteindrez la nuque, continuez à déplacer votre attention en remontant à travers le cou et la gorge — sentez-en à la fois l'extérieur et l'intérieur — et allez jusqu'à la bouche. Puis explorez chaque détail de votre visage et de la tête — à l'intérieur et à l'extérieur — et terminez en laissant reposer votre attention au centre du sommet de la tête.

B. *Vers le bas*

Cette fois, on refait le voyage en sens inverse, mais beaucoup plus rapidement. Imaginez que votre corps est une sorte de récipient creux rempli d'eau dont vous enlevez les bouchons, situés sous la plante de vos pieds. Suivez ensuite mentalement la descente du niveau de l'eau qui s'écoule et enregistrez vos sensations à chaque niveau, en vous intéressant à ce que vous ressentez globalement, et non dans le détail de chaque partie du corps qui est traversée. Quand vous serez revenu aux orteils, ramenez votre attention sur le mouvement naturel que votre respiration imprime à l'ensemble du corps.

Passez le reste de la séance à observer simplement les mouvements de votre respiration, tout en restant très détendu et sans forcer l'attention. Finissez l'exercice en vous étirant bien à fond.

* *Important :* Les deux temps de l'exercice se complètent : n'oubliez pas la deuxième partie — la redescente de l'attention de la tête aux pieds. Quelles que soient les préférences pour l'une ou l'autre phase, elles forment un ensemble et doivent être exécutées comme telles.

Question: *Que faire si, au cours de l'exercice, on rencontre des sensations très pénibles, impossibles à ignorer, et qu'on est incapable de continuer comme si de rien n'était?*
Réponse: Mieux vaut sans doute refaire un peu de relaxation plutôt que de vouloir à tout prix passer à l'exercice suivant. Cependant, si ces sensations pénibles persistaient, même après des mois de pratique, il faudrait peut-être envisager de prendre le taureau par les cornes: accepter la présence de ces sensations et les regarder en face.
Question: *Quand vous dites «refaire de la relaxation», est-ce que cela signifie un des exercices de respiration?*
Réponse: Je pense qu'il suffit que vous vous étendiez un moment, le temps de laisser vos sensations se dissiper. Essayez de ne penser à rien de particulier, de ne pas vous tracasser.
Question: *Quand je fais cet exercice, il arrive que je ne puisse plus décoller mon attention de l'endroit où elle se trouve. Que faut-il faire?*
Réponse: Peut-être vous faites-vous une idée trop solide ou trop lourde de ce que vous imaginez pendant l'exercice, ou bien vous fournissez un effort disproportionné par rapport à ce qu'il y a à faire. Quelquefois, quand une vis ne rentre pas dans un trou, c'est qu'elle est trop grosse et qu'il en faut une plus petite. Il faudrait peut-être vous y prendre un peu plus doucement...
Question: *Si les sensations que j'éprouve font surgir toutes sortes d'émotions et de souvenirs qui n'arrêtent pas de revenir, faut-il les examiner et les analyser ou bien s'en tenir uniquement aux sensations mêmes?*
Réponse: Efforcez-vous de vous en tenir aux sensations et ne faites pas trop attention à ce qu'elles suscitent en vous.
Question: *En faisant cet exercice, j'ai découvert des sensations que je n'avais encore jamais ressenties. Est-ce simplement le fruit de mon imagination?*
Réponse: Pas nécessairement. Peut-être que ces sensations étaient déjà là en vous depuis longtemps, mais que vous n'en prenez conscience que maintenant. Vous commencez à y voir un peu plus clair.

Exercice n° 4

S'OUVRIR

Cet exercice est destiné à nous aider à cultiver une attitude d'ouverture aux autres, et à nous préparer à mieux les aider. Votre développement personnel n'est pas quelque chose d'abstrait qui se ferait en dehors du cours normal de votre vie quotidienne; il se nourrit au contraire de tout ce qui vous arrive chaque jour et de tout ce qui se passe en vous. Acceptez donc en bloc toute cette matière première. Observez vos pensées, vos sentiments et vos sensations, et laissez-les aller et venir librement, sans discrimination ni censure.

Cet exercice est aussi très utile pour pratiquer la relaxation, dans la mesure où on apprend à se laisser aller complètement, sans chercher à retenir ou à contrôler ses pensées ou ses émotions, aussi violentes ou destructrices soient-elles. Ce sont en effet les matériaux nécessaires au développement de la compassion, et à ce titre, il n'y en a pas qui soient meilleurs que d'autres: ils ont tous la même valeur et la même utilité immédiate. C'est donc un excellent moyen de se libérer de sentiments qu'on avait refoulés ou ravalés en soi.

Description de l'exercice

Préparation

Passez un moment à prendre conscience de vos sensations physiques, globalement et de manière spontanée, sans suivre un itinéraire fixe et détaillé, comme dans l'exercice précédent. Pour commencer, remarquez les pensées et les émotions que ces différentes sensations suscitent en vous, puis observez tout ce qui se présente à votre esprit : pensée, idée, sensation, émotion. Laissez-les aller et venir librement, sans trier, sans choisir ou rejeter quoi que ce soit. Ne doutez pas que vous avez là la matière première de votre développement personnel et que tout est également utile.

Visualisation

Cet exercice va coordonner la visualisation[1] d'une image — la représentation mentale d'une image — avec votre respiration, l'accent étant mis surtout ici sur le temps de l'expiration.

Imaginez l'immensité de l'espace, devant vous. Représentez-vous ensuite un grand portail qui s'ouvre largement sur l'espace. Imaginez que, quand vous expirez, toutes vos pensées, vos émotions et vos sensations se déversent hors de vous et forment un grand flot continu. Quand ce flot passe par la grande porte, sentez-le se transformer en lumière dorée, quelles qu'aient été la forme ou la nature initiales des pensées et autres éléments d'expérience qui le constituaient. Tout se change en lumière dorée, symbolisant la compassion universelle, qui rejaillit sur tout ce qui vit dans l'univers. Essayez de sentir que cette lumière dorée de la compassion apporte à chacun, partout dans le monde, exactement ce qu'il voulait ou ce dont il avait besoin.

Progressivement, l'espace tout entier se remplit de lumière dorée, si bien qu'il n'y a plus personne au monde qui soit exclu de l'influence de la compassion universelle. Ce qui s'applique évidemment aussi à vous-même : pénétrez-vous du sentiment que la lumière dorée vous apporte ce que vous désirez.

Si vous n'arrivez pas à vous représenter clairement la lumière dorée et à en garder l'image à l'esprit, ce n'est pas grave. L'important est de la **sentir**, de sentir que tout ce qui était en vous s'est effectivement transformé en lumière dorée qui a rejailli sur l'univers entier.

1. Pour une explication détaillée de la technique de « visualisation », se reporter à l'exercice n° 8.

Quelles que soient l'intensité ou la violence éventuelles de vos sentiments, n'ayez pas peur; ne les refoulez pas car ils constituent la matière première de la compassion. Pensez particulièrement à ceux qui souffrent de sentiments analogues.

* Pratiquez cet exercice **pendant trois jours**, à raison d'une séance de **vingt minutes par jour**.

En dehors des trois jours impartis à cet exercice dans le cadre de la série complète, vous pouvez toujours le reprendre à n'importe quel moment, dès que vous vous sentirez un peu tendu. Vous pourrez également y revenir pendant un jour ou deux si vous éprouvez quelques difficultés ou tensions particulières quand vous pratiquerez un des exercices ultérieurs.

N'hésitez pas non plus à vous en servir à tout moment de la vie quotidienne, ne serait-ce que pour quelques minutes, quand vous vous sentirez particulièrement oppressé, tendu ou angoissé par des difficultés particulières.

Question: *Quand on expire et que tout sort par le grand portail, les portes restent-elles ouvertes ou se referment-elles à chaque inspiration?*

Réponse: En principe, elles restent ouvertes, mais il n'y a pas de contre-indication à les imaginer qui s'ouvrent sur l'expiration et qui se ferment sur l'inspiration.

Question: *Si l'on se concentre seulement sur l'expiration, les pensées et les sentiments continuent-ils à sortir par le portail pendant le temps de l'inspiration?*

Réponse: Oui, cela continue (qu'on se concentre dessus ou non).

Question: *Est-ce que, au lieu de visualiser le portail devant moi dans l'espace, je peux m'imaginer que je suis moi-même ce portail?*

Réponse: Ça ne devrait pas poser de problème.

Question : *Est-ce qu'on peut aussi suivre mentalement la trajectoire de la lumière et s'imaginer que ceux qui souffrent reçoivent ce dont ils ont besoin ?*

Réponse : Tout à fait. Vous pouvez imaginer que vous envoyez la lumière à tout ceux qui souffrent, en général, ou bien une ou plusieurs personnes en particulier.

Question : *Peut-on se servir de cet exercice pour travailler à améliorer certains rapports personnels difficiles ? Par exemple, s'il y a quelqu'un qui a tendance à me traiter comme si j'avais toujours tort, peut-il être utile de m'imaginer que toute ma colère et mon ressentiment sortent par le portail et se transforment en lumière dorée de la compassion qui aide cette personne à se sentir mieux et à ne plus toujours m'en vouloir ?*

Réponse : Cela peut effectivement être utile.

Question : *Quand les sentiment se dirigent vers le portail, est-ce qu'on les imagine sous certaines formes particulières, un peu comme un film dans sa tête ou comme de la fumée ? Ou bien s'agit-il simplement de les sentir ?*

Réponse : Je ne crois pas que vous ayez besoin d'imaginer de la fumée — la question est simplement de sentir les choses.

Exercice n° 5

L'ARC-EN-CIEL

Dans les exercices précédents, on a travaillé sur l'esprit à l'aide d'objets «intérieurs», comme la respiration, les sensations et une visualisation génératrice de compassion. Avec l'«Arc-en-ciel», on va se concentrer sur des objets «extérieurs» à soi et s'efforcer d'en percevoir la véritable nature. Ces objets peuvent appartenir à l'une des trois catégories suivantes :

* des objets de valeur (comme une pierre précieuse) ;

* des objets sans valeur marchande et ne nous appartenant pas (comme un caillou ou un brin d'herbe) ;

* des objets nous appartenant, qu'ils aient ou non de la valeur (tout ce qu'on conçoit comme étant «à moi» ou «à nous»).

Cet exercice a un triple objectif :

1. Nous faire découvrir la tendance de l'esprit à s'attacher aux objets et nous montrer comment cet attachement nous empêche de voir les choses comme elles sont.

2. Nous faire prendre conscience de l'impermanence, de l'absence de «solidité» de toutes les choses qui nous entourent, même celles qui ont l'air le plus solide et le plus immuable.

3. Nous débarrasser de l'idée injustifiée — qu'ont beaucoup de gens — que nous ne sommes pas capables de «visualiser», c'est-à-dire d'imaginer des choses, de nous en faire une représentation mentale. Ici, l'objet se trouve devant nous, donc constamment à la disposition du regard, si bien qu'on n'aura pas l'impression d'avoir à trop se forcer pour se l'imaginer. Cet exercice est une première approche de la «visualisation». Visualiser, c'est se faire une image

mentale claire et réaliste de quelque chose, mais cette image étant en même temps impalpable et lumineuse, comme un arc-en-ciel. Nous y reviendrons plus en détail à l'occasion de l'exercice n° 8. Pour l'instant, on apprend à se faire une image mentale d'un objet, pour la laisser s'évanouir ensuite, aussi naturellement que possible.

Description de l'exercice

Cet exercice va vous apprendre à transformer mentalement quelque chose en arc-en-ciel. Prenez donc un objet qui vous appartienne, mais qui n'ait pas une très grande valeur, et placez-le devant vous, de façon à ce que vous puissiez le voir en entier. Regardez-le et réfléchissez un peu à la valeur qu'il a pour vous. Ensuite, tout en gardant les yeux ouverts, imaginez devant vous une réplique exacte de cet objet, à côté de l'original. Puis, imaginez que vous le cassiez, et que vous le réduisiez en morceaux de plus en plus petits, et finalement en poudre. Les particules qui restent à la fin sont si ténues qu'on les voit à peine.

Imaginez que vous les entassiez toutes, sans en perdre une seule et demandez-vous alors: «Où est l'objet? Il y a quelques instants, il y avait là un objet donné, avec un nom et une valeur propres. Où sont passés l'objet, son nom et sa valeur?»

Ensuite, transformez mentalement ce tas de poudre en un arc-en-ciel qui peut être multicolore, ou fait de dégradés d'une même couleur, selon ce qui vous est le plus facile. A partir de cette poudre arc-en-ciel, recomposez un objet arc-en-ciel. Vous êtes revenu à une réplique de l'objet initial, sauf que celui-ci est fait d'arc-en-ciel; il est donc impalpable, dépourvu de toute matérialité tangible.

Constatez qu'il n'a maintenant plus aucune valeur marchande.

Pour finir, dissolvez l'objet-arc-en-ciel dans l'original qui se trouve toujours devant vous. Considérez en quoi cette expérience peut avoir modifié votre appréciation de l'objet et de la valeur qu'il avait précédemment à vos yeux.

* Il est important de garder les **yeux ouverts** pendant toute la durée de l'exercice: tout en imaginant la réplique de l'objet, gardez le regard posé sur l'original qui se trouve devant vous, mais sans le fixer.

Dès que vous commencez à vous fatiguer ou à vous crisper, arrêtez-vous un moment et faites un des trois premiers exercices de la série pour vous détendre.

Choisissez un objet différent à chaque fois. Commencez par une chose qui a relativement peu de valeur pour vous et passez chaque fois à quelque chose de plus en plus précieux à vos yeux. Variez un peu le genre d'objets que vous choisissez et imaginez avec clarté et précision la manière dont vous allez le mettre en morceaux: par exemple, si vous prenez un tableau, vous pouvez mentalement gratter la toile, enlever toute la peinture, la réduire en poudre, déchirer le support de toile et casser le cadre en miettes. Dans le cas d'une tapisserie, on peut imaginer qu'on en démantèle la trame, qu'on en défait les fils dont on décompose les brins, et ainsi de suite. Faites preuve d'imagination...

* Pratiquez cet exercice **pendant une semaine**, à raison d'**1 heure par jour**.

Question: *Si on arrive mieux à voir les objets imaginaires les yeux fermés, est-ce que l'exercice aura autant d'effet qu'en gardant les yeux ouverts?*

Réponse: Si vous avez l'impression que ça marche mieux en fermant les yeux, alors pourquoi pas... Mais, il vaut généralement mieux faire son possible pour les garder ouverts.

Question: *J'ai l'impression que cet exercice me fait mieux apprécier la nature de l'objet original et les éléments qui le constituent. Est-ce que cela rentre dans le cadre des objectifs de l'exercice?*

Réponse: Pas exactement. En fait, c'est quand vous vous rendrez compte que les choses ont, essentiellement, aussi peu de substance qu'un arc-en-ciel, que vous serez à même d'en apprécier la véritable nature, plutôt que celle qui vous apparaît de prime abord, en fonction de ce qui vous plaît dans cet objet. Vous serez alors capable d'en faire un meilleur usage.

Question: *Que se passe-t-il si on se met à préférer l'objet-arc-en-ciel, et qu'on prend plaisir à détruire l'original? Est-ce une erreur d'appréciation?*

Réponse: Pas nécessairement, en tout cas pas à ce stade. Mais il est sûr qu'il ne sert à rien de s'emballer, dans un sens ou dans un autre — l'excès nuit.

Exercice n° 6

LE MIROIR

Cet exercice est destiné à nous faire prendre conscience des projections que nous créons sans cesse et à nous en faire comprendre le processus. On entend par « projections » cette tendance de l'esprit à prêter au monde extérieur et aux expériences qu'on y fait la couleur de ses idées ou de ses sentiments. Quand on « broie du noir », il semble que le monde entier ait partie liée pour nous rendre encore plus malheureux, alors que quand on voit « la vie en rose », tout paraît plus facile, tout le monde nous sourit, même ceux avec qui on n'a pas tellement de contact habituellement.

On est le plus souvent totalement inconscient de ce processus de projection, et c'est justement là le problème. On voit toujours la paille qui est dans l'œil du voisin, sans se rendre compte que c'est parce qu'on a une poutre dans le sien qu'on perçoit cela. On trouve aux gens de sa famille ou à ses collègues de travail des défauts dont on refuse de constater l'existence en soi. Inversement, on est prêt à idolâtrer chez d'autres des qualités qu'on a soi-même, mais qu'on ne veut pas se reconnaître, ce qui n'est pas sans susciter toutes sortes de réactions émotionnelles contradictoires. Projeter ainsi sur d'autres son potentiel positif revient à s'affranchir de la responsabilité de développer les qualités qu'on a en soi : il est plus facile de se déclarer une fois pour toutes irrécupérable et sans espoir. On prend le rôle du « méchant » et on donne aux autres celui du « bon » : on s'arroge définitivement le droit d'oublier toute velléité de développement et de progrès personnel...

Le « Miroir » nous montre comment prendre conscience de nos sentimetns et de la manière dont on les projette hors de soi. L'exercice se décompose en deux phases : la première sert à repérer la part «utile» de nos sentiments, celle qui est à garder et à cultiver, et la part inutile ou nocive dont il est préférable de se défaire. Dans la deuxième phase, on découvre l'effet de boomerang de nos projections : sourire pour sourire, grimace pour grimace. Tout ce qu'on projette sur les autres nous revient et affecte l'ensemble des rapports qu'on a avec eux, et ce jusqu'au jour où on sera capable de les voir comme ils sont — en dehors de tous les défauts ou qualités qu'on peut leur prêter à travers nos projections.

* *Important* : Pour cet exercice, il faut s'en tenir à des séances très courtes — 15 à 20 minutes, une ou deux fois par jour.

Faites 5 à 10 minutes de relaxation **avant et après** chaque séance.

Description de l'exercice

Phase 1

1. *Relaxation (5-10 minutes).*

Asseyez-vous en face d'un miroir, de préférence suffisamment grand pour pouvoir vous y voir en entier. Pensez qu'un miroir n'est qu'une feuille de verre réfléchissant qui renvoie une image, laquelle «n'existe» qu'en vertu du fait que vous êtes là pour la percevoir.

Pendant une dizaine de minutes, restez simplement assis devant le miroir, les yeux clos ou le regard dirigé sur le sol, et détendez-vous ; soyez conscient de vos sensations, de vos pensées et de vos émotions. Évaluez objectivement le positif et le négatif dans ce que vous ressentez.

2. *Le Miroir (15-20 minutes).*

Au bout d'un moment, quand vous sentirez que votre esprit commence à se calmer un peu, regardez-vous dans la glace. Prenez d'abord mentalement note de l'effet que cela vous fait de vous regarder comme ça. Ensuite, imaginez que votre souffle véhicule toutes les pensées, toutes les impressions et tous les sentiments que vous avez ressentis, et qu'en expirant, vous les insufflez dans votre reflet dans le miroir. Ayez l'impression de vous vider progressivement, laissez tous vos sentiments sortir de vous et rentrer dans le miroir. Dans le même temps, laissez-vous envahir par une sensation d'espace, de transparence, d'impalpabilité ; sentez le recul que vous prenez par rapport à vos pensées.

Après 15 à 20 minutes de ce travail, ramenez en vous — en inspirant — les qualités que vous souhaitez garder et pensez que vous laissez dans le miroir tout ce qui ne vous plaît pas et dont vous préférez vous débarrasser.

Souvenez-vous que c'est vous-même qui avez créé l'image qui se trouve dans le miroir, en y projetant tous vos sentiments. Prenez conscience du fait que vous y avez reconnu certaines qualités et que c'est vous qui choisissez ce que vous voulez reprendre et garder en vous.

3. *Relaxation (5-10 minutes).*

A la fin de l'exercice, donnez-vous cinq à dix minutes pour vous détendre à fond, en laissant vos pensées aller et venir à leur guise.

* Poursuivez la pratique de cette première phase pendant **au moins une semaine** (à raison d'**une ou deux séances par jour**). Ne passez pas à la deuxième phase avant d'être capable de projeter facilement vos sentiments dans le miroir et **surtout pas avant** de vous sentir un peu plus prêt à expérimenter les choses avec moins de solidité et de rigidité qu'auparavant.

Phase 2

1. *Relaxation (5-10 minutes).*

Commencez par vous relaxer, comme pour la phase 1. Laissez l'esprit se calmer naturellement.

2. *Le Miroir (15-20 minutes).*

Regardez votre reflet dans le miroir et considérez que vous allez faire un échange entre ce que vous identifiez comme étant vous-même et la personne qui se trouve dans la glace.

Cet échange va se faire sur les temps de la respiration :
— à chaque **expiration**, insufflez tout ce que vous ressentez en vous dans la personne du miroir ;
— à chaque **inspiration**, ramenez en vous les pensées et les sentiments de la personne qui se trouve dans le miroir.

Continuez l'échange en le coordonnant avec votre respiration. Souvenez-vous avec autant d'acuité que possible que tout ce que vous ressentez n'est que le fruit de vos projections.

N'essayez pas d'analyser ou de rationaliser. Contentez-vous de faire l'exercice sans dépasser ses limites de durée (15-20 minutes).

3. *Relaxation (5-10 minutes).*

Comme pour la phase 1.

* Pratiquez la phase 2 **pendant trois ou quatre semaines**, à raison d'**une séance par jour**.

Le « Miroir » est très important pour nous faire découvrir ce qui est à la base de l'idée qu'on se fait de soi et des autres : le processus de projection. Il est essentiel d'avoir bien compris cet exercice pour poursuivre le reste de la thérapie, d'autant plus que les exercices suivants mettent en jeu ce même mécanisme d'échange avec une image qu'on a soi-même projetée : celle du Bouddha, de ses amis, de sa famille, de ses ennemis, etc. Ne sautez donc pas le « Miroir » si vous tenez à faire toute la série des exercices.

Cependant, si vous éprouviez des difficultés majeures, telles que vous soyez incapable de mener à bien cet exercice — à cause de la peur et des violentes réactions qu'elle peut susciter, ou en raison de sérieux blocages — vous pourriez passer directement à l'exercice n° 8 le « Bouddha Intérieur », suivi du n° 10, « Expansion/Contraction », et du n° 15, la « Sphère d'Arc-en-Ciel », car ceux-là ne font pas appel à des mécanismes de projection.

Question : *La première phase de l'exercice m'a permis de transférer dans le miroir toute une quantité de sentiments*

douloureux que j'avais en moi, et j'en ai éprouvé un grand soulagement. Mais je me demande s'il ne s'agit pas d'une sorte d'illusion?
Réponse: Il est sûr que, dans un certain sens, n'importe quel exercice est une sorte d'illusion, mais c'est aussi l'occasion et le moyen d'apprendre à maîtriser l'esprit. Même s'il est impossible qu'un exercice vous libère définitivement de vos peines et de vos souffrances, vous pouvez quand même en ressentir un certain bienfait dans l'immédiat, l'essentiel restant néanmoins l'apprentissage de la maîtrise de l'esprit qui est le seul moyen d'arriver à se libérer de la souffrance — à long terme.

Question: *Je me suis demandé si on pouvait considérer l'exercice du miroir comme une leçon d'impermanence. Puis-je l'envisager ainsi, ou bien dois-je me contenter de transférer mes sentiments vers le miroir et inversement?*
Réponse: Quand vous regardez votre reflet dans la glace, vous pouvez très bien prendre en compte sa transparence et son impermanence et les généraliser à tout ce que vous voyez. En fait, c'est un très bon exemple. Vous pouvez aussi vous servir du reflet de manière ponctuelle, pour vous débarrasser de vos tensions et pour extérioriser des problèmes qui vous rongent, à l'intérieur. C'est à vous de décider de l'usage que vous voulez faire de l'exercice.

Question: *Est-ce que ça ne fait pas un petit peu « désordre » de laisser tout ce que je ne veux pas — ce qu'il y a de négatif ou de pénible en moi — dans le miroir? Est-ce qu'il ne faudrait pas que je nettoie mentalement le miroir derrière moi avant que quelqu'un d'autre ne s'en serve?*
Réponse: Non, je ne crois pas que ce soit nécessaire! Le miroir n'a pas mal, il n'emmagasine pas la douleur. On s'en sert simplement comme support pour se vider un peu de ses peines et de ses souffrances — comme quand on verse le trop-plein d'un récipient qu'on a trop rempli, pour éviter qu'il ne déborde. C'est la même chose avec les sentiments:

il est parfois utile de les extérioriser, et c'est à cela que sert le miroir.

Question: *Ce que j'ai vu dans le miroir pendant la deuxième phase de l'exercice m'a rendue très malheureuse, ce qui n'a fait qu'empirer quand j'ai dû reprendre cela en moi. La seule chose qui m'ait aidée a été l'idée que ni les sentiments que j'éprouvais, ni l'image réfléchie dans le miroir n'avaient de substance. Était-ce la bonne démarche et une solution valable au problème?*
Réponse: Tout à fait. Quand on se regarde dans un miroir, il est très important de comprendre que ce qu'on y voit n'est pas quelque chose de substantiel et de solide. Par conséquent, ne prenez pas trop au sérieux les sentiments — pénibles ou agréables — que suscite l'exercice, car ni les uns ni les autres n'ont de réalité substantielle. N'y attachez pas trop d'importance.

Exercice nº 7

L'AMI

Cet exercice est destiné à nous montrer ce qu'est l'attachement : il y a dans la vie de chacun de nous des personnes et des choses auxquelles on est tellement attaché qu'on a beaucoup de mal s'en séparer.

En apprenant à se mettre à la place de ses amis, on essaiera de mieux les comprendre, à partir de ce qu'on sait d'eux, plutôt qu'en fonction de ce qu'on en attend. Pour échanger les rôles, comme on va le faire ici, il faut également être prêt à se donner soi-même, en tout cas ce qu'on sait de soi. Ce qui devrait nous aider à trouver une plus grande ouverture aux autres et à mieux communiquer avec eux, et en particulier avec nos proches.

La qualité de notre motivation est particulièrement cruciale dans cet exercice : si on échange les rôles avec ses amis, c'est pour sortir de la tour d'ivoire de notre point de vue égocentrique, pour éviter de rester sempiternellement enfermé dans la logique unilatérale de nos comportements égoïstes. C'est pour pouvoir mieux se connaître et connaître les autres, afin de développer en soi la compassion et d'agir sous son inspiration.

Description de l'exercice

1. *Première partie : projection (10-15 minutes).*

Pensez à quelqu'un à qui vous êtes très attaché(e) et avec qui vous voudriez être le plus souvent possible. Ce peut être un de vos parents, votre mari ou femme, votre ami(e), votre enfant, un ou une amie intime.

Imaginez cette personne en face de vous ; même si vous ne la voyez pas très clairement, l'important est de se dire qu'elle est vraiment là, de sentir sa présence, d'évoquer ce que vous ressentez quand vous êtes ensemble. Prenez le temps de bien projeter l'image et la présence de cet(te) ami(e) en face de vous.

Cette partie de l'exercice devrait vous prendre de 10 à 15 minutes. Après quoi, faites une brève pause avant de passer à la phase suivante.

2. *Deuxième partie : l'échange des rôles (30 minutes).*

Le processus d'échange est coordonné avec la respiration. Imaginez qu'en inspirant, vous absorbiez en vous l'ami(e) qui se trouve en face de vous, et qu'en expirant vous vous projetiez à l'intérieur de votre ami(e). L'apparence extérieure de son corps et du vôtre restent les mêmes, mais le contenu intérieur se transforme graduellement au fur et à mesure de l'échange. Petit à petit, à chaque inspiration, les pensées, les sensations, les sentiments et les désirs de votre ami(e) deviennent les vôtres, tandis que les vôtres deviennent les siens, à chaque expiration.

L'échange ne doit pas nécessairement coïncider avec chacune de vos inspirations et de vos expirations ; adoptez un rythme qui vous soit naturel. N'essayez pas de trop organiser ou de structurer l'échange de manière systématique : restez ouvert et détendu et laissez le transfert se faire aussi naturellement que possible.

Poursuivez le transfert pendant une demi-heure. A la fin de la séance, vous pouvez garder la sensation d'être votre ami(e) ou bien revenir dans votre propre peau — au choix. Mais de toute façon, gardez en vous ce que vous avez compris de votre ami(e).

* Pratiquez **« L'ami » pendant trois à quatre semaines**, à

raison d'**une séance de 45 minutes** en deux parties: une première partie de 10-15 minutes, suivie d'une courte pause, et une deuxième partie de 30 minutes.

Ne choisissez pas toujours le même ami pour l'échange: au fur et à mesure que vous comprendrez mieux l'exercice, passez à d'autres amis.

Question: *Que faut-il faire si la personne à laquelle je pense n'arrête pas de se balader dans tous les sens, d'apparaître et de disparaître?*
Réponse: Ça ne fait rien. Elle n'est pas obligée d'être assise: c'est vous qui devez rester assis...

Question: *J'éprouve la plupart du temps un blocage complet par rapport à cet exercice, vraisemblablement dû à la peur de donner de soi et de prendre l'autre en soi. J'ai une très forte impression de distance, de séparation. Comment faire?*
Réponse: Pratiquez un peu plus longtemps le «Miroir», afin de réduire votre impression de solidité des choses et des gens. C'est cela qui vous pose problème, en vous empêchant de faire l'échange avec un autre. Continuez à faire l'exercice du miroir tant que vous ressentirez cette crainte parce que vous attribuez encore aux choses une solidité qu'elles n'ont pas.

Question: *Est-ce que ce n'est pas un peu ambitieux ou même dangereux de vouloir ainsi prendre à son compte tout le vécu intérieur de quelqu'un d'autre?*
Réponse: Non, il n'y a aucun danger actuellement; la question ne pourrait se poser que si l'on était déjà très évolué, et dans des termes assez différents, de toute façon. Si vous êtes bien motivé dans votre pratique, vouz serez déjà hors de danger avant même que le problème ne se pose...

Question: *Si je me sens déjà très proche de quelqu'un, très liée et très attachée à lui, est-ce que ce processus de fusion*

mentale ne risque pas de renforcer encore un peu plus mon attachement?
Réponse: Non. Je pense que là aussi le «Miroir» peut vous aider à résoudre ce problème.

Question: *Supposons qu'en faisant cet exercice je ressente soudain complètement et très intensément — dans mon corps et dans mes émotions — les problèmes et les peines de l'autre, dont je n'avais jusque-là pas la moindre idée, et que cette expérience me bouleverse totalement parce que je ne sais pas ce que je peux faire pour l'aider?*
Réponse: Je ne crois pas que cela risque d'arriver. En réalité, on n'est pas capable de sentir la vraie douleur de l'autre et ce qu'on ressent n'est jamais que ce qu'on a soi-même imaginé. Et même en admettant qu'il y ait là autre chose qu'un produit de son imagination, c'est dans la compassion qu'il faut chercher la réponse à une telle situation: comprendre la peine de l'autre et souhaiter ardemment être en mesure de l'aider.

Question: *Combien de temps faut-il consacrer à l'échange avec un ou une amie, avant de passer à un autre, et vaut-il mieux commencer par les amitiés les moins passionnées, donc plus simples parce qu'on éprouve moins d'attachement?*
Réponse: Vous pouvez passer autant de temps que cela vous semblera nécessaire sur un ou une ami(e) donné(e). Il est bon de travailler sur ses différentes sortes d'amis: les plus intimes et ceux qui le sont moins.

Exercice n° 8

LE BOUDDHA INTÉRIEUR

Le terme «Bouddha» est utilisé ici dans le sens de celui qui a atteint l'état d'éveil parfait de l'esprit: connaissance pure et sagesse, indivisiblement unies à la compassion universelle. C'est donc en tant que symbole de cet état qu'on visualise la forme du Bouddha. Mais si cette visualisation vous pose problème pour des raisons personnelles, vous pouvez y substituer une sphère de pure lumière dorée, à laquelle vous prêterez les mêmes qualités que celles qui viennent d'être énoncées.

Remarque préliminaire: la technique de visualisation

1. *Évoquer en soi une image, une impression*

«Visualiser» signifie simplement «imaginer», *image-iner*, c'est-à-dire évoquer une image mentale — comme l'indique l'étymologie même du mot. On recrée en soi l'image ou l'impression de quelque chose ou de quelqu'un. C'est l'activité la plus naturelle du monde, quelque chose qu'on fait tous les jours sans même s'en rendre compte, comme de respirer: vous pensez à votre mère et tout de suite son image surgit dans votre mémoire, on vous parle d'un endroit que vous connaissez bien et vous le voyez immédiatement très clairement, on vous indique un itinéraire et tout de suite vous avez une carte mentale et des repères qui s'inscrivent dans votre esprit. Et ainsi de suite... car on n'arrête pas de «visualiser», de se représenter les choses mentalement.

Vous savez donc déjà évoquer spontanément des images; «visualiser», c'est apprendre à le faire de propos délibéré, à se servir de cette aptitude innée pour imaginer telle ou telle chose nécessaire à la réalisation d'un exercice.

Un point important: il s'agit de **sentir** la présence de la personne ou de l'objet qu'on visualise, d'évoquer en soi l'impression qu'on y associe, même si on ne «voit» pas précisément de détails concrets. Il faut avoir l'impression que ce qu'on visualise est effectivement là devant soi.

2. *Créer des images impalpables*

Il existe une autre différence importante entre les images que crée normalement notre imagination ordinaire et celles qu'on va imaginer délibérément quand on visualise. La visualisation ne doit jamais être une image solide, faite de chair et d'os, de pierre, de bronze, de bois ou de toute autre matière. Ce qu'on imagine doit être clairement visible tout en étant intangible, impalpable, fait de lumière, comme un arc-en-ciel. Quand on «visualise» une personne, par exemple, on la voit, on sent sa présence — on peut même être conscient de tout un luxe de détails, mais elle est en même temps impalpable: elle a toutes les apparences de la matérialité, mais pas la substance. Ainsi, quand vous aurez à visualiser «un tube lumineux», n'imaginez pas un néon ou un tube solide rempli de lumière, mais essayez de vous représenter un rayon lumineux en forme de tube — avec toutes les apparences d'un tube, moins la matérialité. De même, n'imaginez pas un Bouddha de bronze, ou une sphère lumineuse ressemblant à un luminaire électrique. Si on essaie de se représenter des objets solides, on se créera de faux problèmes: comment faire rentrer un gros Bouddha de cuivre ou un luminaire de 2000 watts dans votre corps habituel, en chair et en os? Souvenez-vous que les visualisations sont des outils nécessaires au travail mental, qui jouent sur des formes mentales, et ne vous accrochez pas à la notion de solidité de votre corps et des autres objets visualisés. Si votre corps est aussi impalpable qu'un arc-en-ciel et qu'il en est de même pour le Bouddha, la sphère lumineuse, ou toute autre chose, vous n'aurez pas de mal à y faire rentrer quoi que ce soit et les visualisations ne vous poseront pas de problème.

* **L'essentiel** en résumé: visualiser, c'est évoquer une image mentale claire et réaliste, en même temps qu'impalpable et lumineuse, comme un arc-en-ciel, et c'est en sentir la présence, même si on ne la «voit» pas concrètement.

Description de l'exercice

1. *Préparation*

Ayant pris soin de vous asseoir le dos bien droit, imaginez au centre de votre corps un lotus jaune dont les pétales sont tournés vers le haut.

Visualisez ensuite un tube lumineux, sans couleur particulière (cela n'a pas d'importance) qui part du sommet de votre tête (dans la zone de la fontanelle), traverse votre corps et aboutit dans le cœur du lotus. L'extrémité supérieure du tube est en forme d'entonnoir et largement ouverte au sommet de votre tête.

2. *Évocation*

Imaginez à présent qu'au-dessus de votre tête, juste au-dessus de l'ouverture du tube lumineux, se trouve un Bouddha — ou une sphère — de lumière dorée, de la taille que vous voudrez.

Imaginez et sentez que votre corps devient lui-même de moins en moins solide, de plus en plus transparent et impalpable.

3. *Méditation (45 minutes)*

Faites graduellement entrer en vous la forme lumineuse du Bouddha ou de la sphère: imaginez-la en train de descendre doucement depuis le haut de votre tête jusqu'au centre de votre corps pour venir s'installer au cœur du lotus.

* **Important**: souvenez-vous de ne pas imaginer votre corps ou la forme de lumière dorée comme quelque chose de solide.

Après 45 minutes de méditation, faites une petite pause.

4. *Relaxation (1 heure)*

Faites l'exercice de relaxation (nº 2). Abandonnez l'esprit à lui-même, en laissant aller et venir naturellement toutes vos pensées, vos idées, vos sentiments, vos sensations, vos impressions — bref, tout ce qui se passe en vous.

Laissez-vous pénétrer du sentiment que l'essence de l'éveil et de la compassion est désormais en vous et tout autour de vous. Votre corps n'a plus aucune solidité — vous ne distinguez plus ni membres, ni organes, ni douleurs, ni tensions. Tout se dissout graduellement dans un océan de tranquillité et de paix de l'esprit.

Restez ainsi **pendant une heure**.

* Pratiquez le «Bouddha Intérieur» **pendant une semaine**, à raison d'une séance par jour d'environ **1 heure quarante-cinq minutes** (45 minutes de méditation, 1 heure de relaxation).

Question: *Quand vous parlez du «centre du corps», où cela se trouve-t-il, précisément?*

Réponse: Il faudrait plutôt parler du centre de votre être. On le conçoit généralement comme se trouvant à peu près dans la zone du cœur. En Orient, on parle aussi de «centre du cœur», non pas dans le sens du centre — du milieu — du muscle cardiaque, mais dans le sens de *chakra*, un des centres d'énergie du corps, comme un cercle centré au milieu de la poitrine. Cela dit, c'est une question assez subjective: tout dépend de votre impression personnelle, de l'idée que VOUS vous faites de la localisation du centre de VOTRE être.

Question : *Si je n'arrive pas à voir mentalement la forme du Bouddha, est-il suffisant d'en sentir la présence?*
Réponse : Oui, car le but de la manœuvre est d'évoquer la présence des qualités essentielles de l'esprit plutôt que la forme qu'elles revêtent — qui est secondaire ici.

Question : *Il arrive quelquefois qu'il y ait d'autres couleurs qui se manifestent à la place du doré de la lumière. Dois-je m'efforcer de retrouver toujours le doré?*
Réponse : Oui, je pense qu'il vaut mieux essayer d'imaginer une sorte de doré.

Question : *Pourriez-vous me suggérer un moyen d'y arriver plus facilement?*
Réponse : Observez un morceau de tissu doré, mais si vous avez l'impression d'une couleur «solide», essayez de regarder le doré du tissu dans une glace, afin d'avoir une idée de la transparence de la couleur que vous allez visualiser.

Question : *Pendant la phase finale de relaxation, mon esprit n'est souvent pas du tout calme et j'éprouve toutes sortes d'émotions. Que puis-je faire?*
Réponse : Essayez de trouver ne serait-ce qu'une toute petite plage de tranquillité et laissez vos pensées et vos émotions s'y dissoudre. Même s'il n'y a qu'un pour cent de votre esprit qui soit calme, vous pourrez quand même y arriver.

Question : *Si l'on ne dispose pas du temps recommandé pour cet exercice, soit une heure trois quarts, est-il indispensable de faire l'heure de relaxation à la fin?*
Réponse : Oui, c'est indispensable. Ce que vous pouvez faire, c'est diviser le temps dont vous disposez pour votre séance de manière à préserver le même rapport entre les deux phases de l'exercice : soit un peu plus pour la relaxation que pour la méditation.

Exercice n° 9

DONNER VIE AU BOUDDHA INTÉRIEUR

Avant de se lancer dans ce nouvel exercice, il serait peut-être bon de passer en revue et d'évaluer un peu ce qu'on a déjà fait. On a d'abord appris à s'asseoir correctement, à se détendre et à s'ouvrir aux autres. Puis on s'est servi de l'arc-en-ciel pour faire perdre aux objets leur «solidité», la substance immuable qu'on leur prête normalement. Ensuite, l'exercice du miroir nous a préparés à l'échange des rôles avec un(e) ami(e). L'«Arc-en-Ciel», l'«Ami» et le «Bouddha Intérieur» nous ont permis de voir qu'on était capable de «visualiser». Avec l'«Ami», on a joué sur l'intimité de nos liens, sur notre attachement à une personne donnée pour développer l'habitude de faire des visualisations: en effet, plus on est proche de quelqu'un, et plus son image vous revient spontanément à l'esprit, comme quand on est amoureux. Une fois qu'on a compris le mécanisme, on peut visualiser des choses auxquelles on ne se sent pas forcément si lié affectivement, comme un Bouddha ou une sphère de lumière.

Tout le monde est capable de visualiser des images, comme nous l'avons déjà fait remarquer. Certains auront peut-être plus de facilité que d'autres, mais avec un peu de pratique, chacun pourra progresser sans trop de difficultés. Les problèmes, quand il y en a, sont généralement dus à un excès d'effort pour visualiser: les images ont du mal à se former dans un esprit rigidifié par la tension, alors qu'elles surgissent spontanément quand il est détendu. Si on aborde sa pratique avec une certaine dose de décontraction et d'enthousiasme et qu'on est convaincu qu'elle peut nous faire du bien, les visualisations auront bientôt tendance à se faire assez naturellement et spontanément.

Si le visage de votre ami(e) ou de votre ennemi(e) vous revient sans arrêt alors que vous essayez de visualiser le Bouddha ou la sphère de lumière dorée, ne vous faites pas de souci. Cela signifie que vous avez encore un peu de chemin à faire pour comprendre que tous les êtres ont en eux l'essence de l'éveil et de la compassion. On ne le perçoit pas encore clairement pour deux raisons: d'une part, on s'obstine à classifier les gens qu'on connaît en deux catégories — amis ou ennemis — et, d'autre part on a tendance à ignorer les bons côtés de la personnalité des autres pour n'en voir que les aspects négatifs. Avec ces visualisations on devrait arriver à mieux comprendre que chaque être possède en lui l'essence de la perfection, le potentiel de l'éveil.

Quand on étudie l'anatomie, on n'a pas besoin de s'arracher les entrailles et les organes pour les examiner: on utilise des modèles qui ne sont autres que des images projetées à l'extérieur à partir d'une réalité intérieure. De même, l'exercice précédent s'est servi d'un modèle — le Bouddha ou la sphère de lumière — pour nous faire comprendre la présence en nous des qualités inhérentes à l'état d'éveil de l'esprit. Ce modèle n'était autre que l'image, projetée en dehors de soi, du potentiel de perfection — la «nature de Bouddha», la «nature divine» en langage chrétien — qui est en chacun de nous. La visualisation fonctionne donc comme un moyen de projeter une image à l'extérieur de soi pour comprendre ce qui se trouve à l'intérieur de soi.

Description de l'exercice

1. *Préparation*

Cet exercice vise à animer le Bouddha intérieur. Servez-vous de l'acquis de l'exercice précédent pour imaginer directement le Bouddha ou la sphère de lumière dorée sur un lotus jaune au centre de votre corps, et concentrez-vous là-dessus. Pensez que votre esprit est déjà semblable à celui du Bouddha, comme en atteste la présence en vous du Bouddha intérieur.

Rappelez-vous que votre corps, et celui du Bouddha ou la sphère de lumière, sont transparents et intangibles, clairement visibles mais impalpables, comme l'arc-en-ciel. Cela vous évitera de vous poser des questions inutiles, quant à la forme ou à la taille des objets, la direction à laquelle ils font face, et ainsi de suite — tout ce qui relève de la matérialité des choses. Souvenez-vous que vous ne travaillez pas sur de la matière solide requérant une structure rigide.

2. *Phase I: imaginer son ami(e) sous la forme d'un Bouddha*

Évoquez en face de vous la présence d'un des amis que vous avez utilisés pour la visualisation de l'«Ami». A chaque fois que vous expirez, un Bouddha — ou une sphère de lumière — semblable à ce qui se trouve en vous émane du centre de votre corps, pénètre dans celui de votre ami(e) et s'y dissout. Essayez de trouver une coordination naturelle entre la visualisation et votre respiration en émettant un Bouddha, ou une sphère lumineuse, par cycle de respiration. Mais ce n'est pas impératif; à vous de trouver un rythme confortable.

Pensez que la forme lumineuse du Bouddha ou de la sphère qui pénètre en votre ami(e) se mélange complètement à lui ou à elle, lui conférant toutes ses qualités de connaissance pure et de compassion universelle, pour finir par ne faire plus qu'un avec lui ou elle. Précédemment, on s'est servi de l'attachement qui vous sensibilisait à votre ami(e) pour mieux le ou la comprendre; cette même intimité va maintement vous aider à mieux connaître et comprendre le principe de perfection — le Bouddha — qui s'est mélangé à votre ami(e).

3. *Phase II: s'imaginer soi-même sous la forme d'un Bouddha*

Imaginez que le Bouddha — ou la sphère de lumière — qui se trouve au centre de votre être émet une lumière dorée qui remplit votre corps et le purifie totalement. Vous avez maintenant son seulement l'esprit d'un Bouddha (comme au début de l'exercice), mais aussi son corps. Pénétré de cette conviction, imaginez-vous sous la forme d'un Bouddha.

A présent, votre ami(e) et vous-même avez tous deux le corps impalpable et lumineux d'un Bouddha; il ne vous reste plus la moindre trace de vos identités antérieures. Plus question de «moi» ou de «mon ami(e)»; il n'y a plus qu'un Bouddha face à un autre Bouddha, ou, si vous préférez, un être parfaitement pur et éveillé en face d'un autre.

4. *Éprouver une «légitime fierté» (optionnel)*

Quand vous aurez fini les deux phrases de la méditation, si vous le désirez vous pourrez y ajouter un moment de réflexion sur la «légitime fierté» qu'on peut ressentir quand on découvre cette perfection qui est en soi et chez tous les êtres. Soyons bien clair: il ne s'agit pas de se gonfler d'orgueil en se disant qu'on est vraiment quelqu'un d'extraordinaire et de très évolué spirituellement. C'est plutôt un sentiment d'appréciation et de profond respect envers la perfection de la nature essentielle de tout être; prenant conscience de toute la noblesse et de la dignité de cette dimension d'être, on s'en réjouit, on la respecte en soi et chez les autres et on en éprouve une légitime fierté. Cette fierté n'a rien de négatif, elle est au contraire un excellent antidote à notre orgueil habituel, car elle inclut les autres et nous en rapproche au lieu de les exclure et de nous en éloigner. Dites-vous donc: «Nous sommes tous deux des

Bouddhas — des êtres qui ont pleinement réalisé leur potentiel de perfection —» et imprégnez-vous quelques instants d'une légitime fierté, née de votre appréciation de cette réalité qui vous émerveille.

* Pratiquez cet exercice **pendant 4 semaines**, à raison d'une séance d'**une heure un quart par jour** (à répartir entre les différentes phases de l'exercice selon ce qui vous conviendra le mieux).

Si vous vous sentez agité au cours de votre méditation, faites un peu de relaxation par la respiration, puis reprenez le cours normal de la séance. Si un jour vous ne tenez vraiment pas en place et que vous êtes très énervé, ne vous forcez pas à tenir jusqu'à la fin de la séance. Mieux vaut faire plusieurs séances courtes (même cinq minutes), entrecoupées de pauses. Faites preuve de flexibilité, en fonction de vos limites du moment.

Commentaire

Cet exercice nous permet de prendre conscience de quelque chose d'extrêmement important: quand on se borne à l'apparence ordinaire de ses amis et de soi-même, ils nous inspirent du désir et de l'attachement — des sentiments qui sèment beaucoup d'autres poisons dans leur sillage (l'envie, la jalousie, la haine, l'aveuglement, etc.). En revanche, quand on prend tous deux les traits d'un Bouddha, où pourrait se loger l'attachement? L'amour possessif fait place au respect et c'est de ce respect que naît la capacité d'aider vraiment les autres. Ce qui ne va pas chez nous, c'est cette idée qu'on se fait de «moi» et de «mon ami(e)», car elle suscite en nous toutes sortes d'attentes et d'espoirs, avec tous les problèmes et les déboires que cela implique. Si on arrivait à considérer tous les êtres comme des Bouddhas, notre attitude vis-à-vis d'eux changerait radicalement: on n'attendrait plus rien d'eux, et on cesserait de s'arroger le droit de juger leurs actes, par exemple. On gagnera beaucoup à faire et à refaire cet exercice qui peut aider l'esprit à comprendre petit à petit sa véritable nature.

Question: *Vaut-il mieux prendre quelqu'un de différent tous les jours, et peut-on choisir un ennemi à la place de l'ami?*
Réponse: Si vous voulez vous servir de cet exercice pour résoudre un problème particulier, vous pouvez prendre tout le temps la personne qui incarne pour vous ces difficultés. Mais si vous cherchez simplement à comprendre le Bouddha qui se trouve en chacun de nous, alors vous pouvez changer de personne tous les jours.

Question: *Pourquoi l'orgueil est-il considéré comme quelque chose de si négatif, alors que dans une société comme la nôtre, il aide souvent les gens à se dépasser et, ce faisant, à donner l'exemple aux autres?*
Réponse: Si vous avez l'impression d'être plutôt orgueilleux, il serait peut-être bon d'essayer de substituer à cet orgueil «ordinaire» la fierté «légitime» dont on vient de parler. L'orgueil peut vous sembler utile, de prime abord, mais il ne l'est pas à long terme, parce qu'il est chargé d'ego. Prenez par exemple quelqu'un qui serait fier de sa famille, et qui se dirait: «J'ai vraiment une famille formidable.» Cela n'aurait évidemment rien de mal en soi, mais c'est à travers tout ce qui en découlera par la suite que les choses risquent de se gâter... S'il est bon d'apprécier ce qu'on a, il n'est ni nécessaire, ni utile d'en concevoir de l'orgueil.

Question: *Que dois-je faire si l'ami dont je me sers pour ma visualisation se transforme en quelqu'un d'autre en plein milieu de la séance? Dois-je laisser faire ou m'efforcer de revenir à la personne initiale?*
Réponse: Au début, il vaut mieux essayer de revenir au personnage initial afin d'apprendre à maîtriser un peu la visualisation, mais si on est suffisamment expérimenté, ce n'est pas forcément nécessaire.

Question: *En tant que chrétien, je n'ai pas eu envie d'utiliser des symboles spécifiques au bouddhisme. Je me suis donc servi de la sphère de lumière et ça a bien marché. Seulement, maintenant, j'ai un peu de mal à imaginer l'ensemble de ma personnalité et de celle de mon ami sous la forme de deux sphères lumineuses en «face à face». Avez-vous quelque chose à me suggérer?*
Réponse: Quand on parle du Bouddha, on pense la plupart du temps au personnage historique qui vécut en Inde il y a 2500 ans, tout comme la plupart des chrétiens pensent à Jésus-Christ de Nazareth quand on fait allusion aux qualités du Christ. Ici, on se place dans le contexte de l'état d'éveil de l'esprit et le mot «Bouddha» représente l'ensemble des qualités inhérentes à cet état, plutôt qu'un personnage historique donné. Vous pourriez aussi bien appeler cela le «Christ», peu importe; les qualités sont les mêmes, seule l'appellation diffère.

Question: *Comment réagir à cette partie de moi qui ne cesse de me répéter que je n'ai pas la moindre trace de compassion, que je suis à peine conscient et que tout ceci n'est que faux-semblants?*
Réponse: Je pense que ces exercices sont justement destinés à développer la compassion quand on n'en a pas — ce qui serait tout à fait inutile si vous en aviez déjà...

Question: *Quand on voit à quel point les gens peuvent être cruels et violents, un peu partout dans le monde, comment croire qu'ils sont tous des Bouddhas?*
Réponse: Je crois qu'il faut d'abord trouver soi-même une motivation juste, puis apprendre à maîtriser son esprit. Ensuite, on parviendra un jour à reconnaître la pureté de la nature essentielle de tout être. Quand vous y serez arrivé, vous aurez peut-être la réponse à votre question et vous saurez quoi faire à ce moment-là.

Exercice n° 10

EXPANSION/CONTRACTION

Cet exercice montre comment la perception qu'on a de son corps et de sa réalité physique influe sur nos états mentaux. Vous avez sans doute déjà remarqué qu'on a tendance à être malheureux et déprimé quand on a mal quelque part, et de bonne humeur et détendu quand on se sent bien «dans sa peau» — littéralement. En outre, consciemment ou non, chacun se fait un certain nombre d'idées à propos de son corps; des idées parfois si ancrées et si rigides qu'elles nous empêchent d'évoluer et nous privent de notre liberté. L'exercice d'expansion et de contraction nous aidera à briser ce carcan d'idées fixes, en particulier sur ce qui relèverait du «physique» ou du «mental»; il contribuera à nous libérer des contraintes que nous imposent notre instinct de «territoire».

Abordez cette méditation avec précaution, car elle peut susciter des réactions de peur. Si vous sentez monter en vous la tension ou la peur, arrêtez-vous, détendez-vous et faites un des exercices de relaxation du début de la série. Ne reprenez l'exercice que quand vous vous sentirez à nouveau à l'aise et détendu. Au besoin, arrêtez même complètement l'exercice pendant un ou deux jours. Si la peur que vous ressentez se rapporte à un point précis de votre corps, détendez-vous un peu et imaginez que cet endroit devient complètement transparent. Ensuite, demandez-vous où se trouve la peur et qui a peur, et réfléchissez-y un moment.

Description de l'exercice

1. *Première phase: expansion (30 minutes)*

Imaginez le Bouddha, ou la sphère lumineuse douée des mêmes qualités, au centre de votre corps. Cela sert à vous garantir contre la peur: en tant que Bouddha, vous n'avez rien à craindre ou à perdre, quoi qu'il arrive à votre corps. Respirez régulièrement et imaginez qu'en expirant vous gonflez votre corps dont l'enveloppe extérieure s'étire de plus en plus (comme un ballon qu'on gonfle); la forme de votre corps reste la même, mais sa taille augmente de plus en plus. Faites ça toutes les trois ou quatre expirations, le rythme de votre respiration devant rester naturel et confortable. Si vous avez mal ou que vous sentez des tensions quelque part, concentrez-vous sur ce point-là et prenez-le comme épicentre du processus d'expansion. Imaginez qu'à chaque expiration vous faites sortir la douleur hors de votre corps dont l'enveloppe devient de plus en plus ténue. Restez conscient des qualités du Bouddha — connaissance pure et compassion universelle — tout en continuant l'expansion jusqu'à ce que votre corps ait atteint la taille d'une maison. A ce moment-là, laissez disparaître la forme habituelle de votre corps — qui devient donc amorphe — et continuez à vous agrandir avec un corps amorphe.

Continuez l'expansion: la peau de votre corps s'affine de plus en plus (comme quand on gonfle un ballon de baudruche) et il est de moins en moins dense à l'intérieur. Poursuivez jusqu'à ce que vous atteigniez la taille d'une montagne. Votre corps existe à peine à présent, ce n'est plus qu'une vague silhouette brumeuse. Continuez à grandir dans le ciel jusqu'à ce qu'il ne reste plus trace de votre corps, comme s'il s'était tout simplement dissous dans l'espace.

Si vous éprouvez une peur quelconque, rappelez-vous que vous possédez les qualités d'un Bouddha et qu'il ne peut rien vous arriver. Pour finir, immergez-vous dans la sensation d'être, sans avoir de corps, et laissez également disparaître toute notion d'un soi.

Cette première phase dure une demi-heure, soit la moitié de l'exercice.

2. *Deuxième phase: contraction (30 minutes)*

Cette deuxième phase est l'inverse de la précédente. Respirez régulièrement, tout en gardant présent à l'esprit le fait que vous êtes un Bouddha. Toutes les trois ou quatre inspirations, imaginez que votre corps rapetisse progressivement. Ne vous préoccupez pas de la forme qu'il a, continuez simplement à le faire rétrécir jusqu'à ce qu'il finisse par se dissoudre complètement dans le Bouddha — ou la sphère de lumière dorée qui se trouve au centre de votre être. Pensez alors que vous ne faites plus qu'un avec le Bouddha ou la sphère de lumière; il ne reste plus de «moi», il n'y a que l'expression des qualités qui sont l'essence de votre nature.

Tout en vous concentrant sur l'inspiration, continuez à faire rétrécir le Bouddha — la sphère — que «vous» êtes devenu, jusqu'à ce qu'il ait la taille d'une graine. La graine devient transparente et incolore, elle s'estompe graduellement et finit par disparaître entièrement.

* Pratiquez cet exercice **pendant trois semaines**, à raison d'une séance d'**une heure par jour**, divisée en deux parties égales (30 mn d'expansion et 30 mn de contraction).

Question: *Faut-il continuer à sentir le contact avec son siège ou avec le sol quand le corps s'agrandit et s'élargit pendant la phase d'expansion?*
Réponse: Il n'est absolument pas nécessaire de se sentir rivé à son siège ou au sol. On cherche en fait à dépasser la peur et l'appréhension qu'on ressent normalement à l'idée de se fondre en quelqu'un d'autre. Cela dit, si cela vous dérange trop de larguer complètement les amarres, vous pouvez maintenir l'impression d'un contact avec le sol, ce qui n'empêchera pas que vous ayez parfois l'impression de flotter légèrement au-dessus du sol.

Question : *Que faut-il faire si on a plus de mal à visualiser l'expansion que la contraction, si on n'arrive pas vraiment à jouer le jeu et à rentrer dans le processus ?*
Réponse : Cela peut effectivement vous compliquer un peu la tâche. Dans ce cas-là, n'essayez pas de forcer ; faites quelques exercices de relaxation avant de reprendre votre visualisation.

Question : *Est-ce que la taille du Bouddha qui se trouve dans le centre du cœur augmente parallèlement à celle du corps, ou bien reste-t-elle la même ?*
Réponse : Le Bouddha n'est pas un objet matériel planté au milieu de votre corps, comme une statue de bronze. Vous devez au contraire vous imaginer qu'il devient de plus en plus transparent (et moins substantiel), au fur et à mesure que vous le devenez vous-même. Ce qui veut dire que sa taille n'a pas vraiment d'importance.

Exercice n° 11

L'ENNEMI

Cet exercice s'inscrit dans la même perspective que les précédents en visant à nous apprendre à mieux faire face aux choses de la vie. Nous allons maintenant essayer de comprendre pourquoi nous pensons, nous disons et nous faisons si souvent des choses inutiles, voire nuisibles — à nous-mêmes et aux autres. Et c'est en faisant face à l'aversion et à la haine qu'on y parviendra.

Cet exercice nous met donc face à face avec l'aversion ou la haine qu'on ressent parfois, pour toutes sortes de raisons. Même si vous ne pensez pas avoir d'ennemi juré et attitré, vous pourrez quand même faire l'exercice car il existe différentes catégories d'ennemis et divers degrés d'inimitié. On en distinguera trois ici, à titre indicatif:

1. Une inimitié fondée sur une aversion personnelle: celle-ci peut aller d'une sorte d'irritation mineure, comme lorsque quelqu'un vous ennuie, à une forme extrême, comme quand on ressent une colère et une haine qui pourraient conduire au meurtre.
2. Une inimitié suscitée par l'aversion qu'un autre vous porte, par exemple en trouvant sans cesse à redire à tout ce que vous faites.
3. Une inimitié qui résulte d'un attachement excessif: si quelqu'un vous est trop attaché, il ne cesse de se préoccuper de ce que vous faites et cet «amour» captatif devient une prison. Vous en voulez donc à cette personne qui aliène votre liberté et vous prend moralement en otage.

Description de l'exercice

Vous allez vous intéresser plutôt à l'apparence physique et aux sentiments de votre «ennemi» qu'à ce qu'il a pu dire ou faire.

Choisissez un «ennemi» qui rentre dans une des catégories qu'on vient de décrire, quel que soit votre degré d'inimitié à son égard.

Imaginez que cette personne est assise en face de vous et que vous allez échanger vos personnalités respectives, tout en conservant chacun votre apparence habituelle. Comme pour les exercices précédents, l'échange est coordonné avec les phases de la respiration. Sur l'inspiration, vous allez progressivement absorber l'autre en vous, tout en pensant que vous prenez petit à petit en vous tout ce qui fait cette personne: ses sentiments, ses sensations, ses pensées, ses préoccupations, ses craintes, ses espoirs, ses organes internes, et ainsi de suite. Il n'est pas nécessaire de le faire sur chaque inspiration: trouvez un rythme qui s'harmonise avec votre respiration naturelle. Même remarque pour l'expiration, à travers laquelle vous imaginez que vous laissez sortir de vous tout ce qui vous définit et qui va remplir le corps de votre ennemi. Au fur et à mesure que vous avancerez dans l'exercice, sentez que vous vous videz de vous-même et que vous vous remplissez de votre ennemi, tandis que l'inverse se passe pour lui.

Continuez jusqu'à ce que vous ayez complètement terminé l'échange de vos personnalités et de l'intérieur de vos corps, seules vos apparences respectives restant inchangées.

Une fois l'échange terminé, passez un moment à réfléchir: Où est la colère? Où est la haine, la peur, l'asservissement de l'attachement? Où est la cause de l'inimitié? Demandez-vous: «Maintenant que je suis à la place de l'ennemi et lui à la mienne, où se trouve la source de l'inimitié?»

Au terme de votre réflexion, reprenez votre propre apparence physique, vos sentiments et tout ce qui vous caractérise, mais gardez en vous ce que vous avez perçu de l'autre quand vous étiez «dans sa peau».

Terminez par l'exercice de relaxation ; laissez aller et venir vos pensées et vos sentiments à leur guise. Laissez l'esprit se détendre et se calmer et observez ce qui s'y passe.

Avec cet exercice, on rentre vraiment dans le vif du sujet; on va directement au cœur de tous nos problèmes. Ce sera donc parfois pénible, mais ayez le courage de persévérer, cela en vaut la peine...

* Pratiquez cet exercice **pendant quatre semaines**, à raison d'une séance d'une **heure vingt minutes par jour**, les **dix dernières minutes** étant consacrées à la **relaxation**.

Il est préférable de ne pas trop changer de personne pour cet exercice, et de s'en tenir à la même ou à un petit nombre de personnes.

Question : *Je comprends bien que cet exercice soit destiné à me faire changer de mentalité, plutôt que d'essayer de faire changer les autres, mais je ne peux pas m'empêcher de penser que, puisque je me donne tellement de mal pour évoluer, les autres pourraient peut-être en faire autant. Est-ce une erreur d'interprétation?*
Réponse: Cet exercice n'a effectivement pas pour but de faire changer les autres. Même s'il arrive que les autres s'améliorent, notre objectif doit rester de faire nous-mêmes des progrès.

Question : *Vous semblez dire qu'on peut assimiler l'état amoureux à une sorte d'inimitié. Cela veut-il dire qu'il vaut mieux prendre ses jambes à son cou dès qu'on se sent très fortement attiré par quelqu'un, ou bien peut-on purifier l'amour qui se trouve au cœur de l'attirance qu'on éprouve pour l'autre, pour faire de ce sentiment quelque chose d'utile et de bénéfique?*
Réponse: Si vous êtes capable d'aimer sans attachement, ou bien si vous réussissez à surmonter votre attachement initial, alors l'amour peut être très, très utile et bienfaisant.

Mais dès qu'on s'attache à l'être aimé, voire à l'idée même de l'amour, celui-ci est entaché d'ego et tourne facilement à l'aigre. C'est parce que l'attachement entraîne dans son sillage la possessivité, la jalousie et l'attente — tout ce qui nous empoisonne la vie... Là où il y a de l'attachement, l'amour perd sa pureté.

Question: *Pendant que je faisais cet exercice, j'ai eu le sentiment que quelqu'un qui me voulait vraiment du mal essayait d'entrer en possession de mon être. Ça a été une expérience si terrifiante qu'il m'a fallu plusieurs jours avant de me sentir à nouveau en sécurité dans ma peau. Dois-je quand même continuer à faire l'exercice?*
Réponse: Si on était capable d'aborder cet exercice avec une grande pureté d'intention et un vrai sentiment d'amour, l'idée que quelqu'un cherche à prendre possession de vous n'aurait rien d'effrayant, au contraire. Mais un débutant aura du mal à le voir sous cet angle. Essayez de mieux comprendre ce qu'est le «Bouddha Intérieur», cela vous aidera. Et si vous avez de nouveau peur en faisant l'exercice, efforcez-vous de bien sentir la «nature de Bouddha» qui est en vous, avant de continuer.

Question: *Cet exercice a parfois un effet très déstabilisant sur moi; je me sens tout retourné, submergé par de violentes émotions et une grande amertume. Vaut-il mieux continuer et faire face à ces sentiments ou s'arrêter et faire un peu de relaxation?*
Réponse: Les deux solutions sont valables. Au début, il peut être utile de faire un peu de relaxation, mais il arrive toujours un moment où on est obligé de prendre le taureau par les cornes. Au bout du compte, il faut bien faire face à ses difficultés et les résoudre, même si c'est très pénible.

PRENDRE SUR SOI LA SOUFFRANCE DES AUTRES

Introduction générale

Les trois exercices qui vont suivre visent à développer et à renforcer notre volonté d'aider les autres en allant progressivement de plus en plus loin dans notre engagement: on commence par souhaiter prendre sur soi la souffrance de ses parents et de sa famille (nº 12), puis de ses amis, des animaux, et de son pays (nº 13), allant même jusqu'à inclure celle de ses ennemis (nº 14). Pour trouver en soi la compassion nécessaire, on accepte de faire face à ce qu'il y a de plus négatif en soi et on entreprend de le purifier.

Une fois l'idée de la compassion éveillée en soi, on va s'efforcer de la mettre en pratique en pensant qu'on prend sur soi les souffrances des autres. Comme il ne s'agit évidemment pour l'instant que d'un vœu pieux — qu'on aurait d'ailleurs bien du mal à réaliser — on va s'imaginer à nouveau sous la forme d'un Bouddha, en tant que manifestation extérieure de la connaissance pure et de la compassion universelle. Votre acquis des méditations précédentes vous sera utile, non seulement parce que vous avez pris l'habitude de vous visualiser sous la forme du Bouddha — ou de la sphère lumineuse —, mais aussi parce que vous avez appris à ressentir les qualités intérieures que cela suppose et les résonances profondes que cela évoque en vous. Vous pouvez maintenant vous sentir à l'aise et avoir une certaine assurance quand vous vous dites «Je suis un

Bouddha. » On ne mentionnera plus la sphère lumineuse dans les visualisations qui vont suivre, car on suppose que la signification du Bouddha en tant que symbole et manifestation extérieure des qualités de l'esprit éveillé est à présent parfaitement claire pour tous — ce qui ne vous empêche pas de continuer à vous en servir pour les visualisations, si vous le préférez. Quel que soit votre choix, l'essentiel est de se pénétrer de la conviction et du sentiment qu'on est vraiment un « Bouddha » — au sens où nous l'avons défini — quand on fait ces visualisations. Si vous ne vous sentez pas encore capable d'une telle conviction, sautez cette série de trois exercices et passez directement à la « Sphère d'Arc-en-Ciel » (nº 15).

Exercice n° 12

PRENDRE SUR SOI LA SOUFFRANCE DE SES PARENTS ET DE SA FAMILLE

Ayant appris à voir les autres et à se voir sous la forme d'un Bouddha, on commence à comprendre un peu mieux la pure essence, le potentiel de perfection qui se trouve en l'esprit de chacun — notre «nature de Bouddha». On entrevoit une réalité jusqu'alors impensable: tout participe de cette essence — toutes nos expériences physiques, verbales ou mentales, ainsi que celles des autres. Quand on comprend à quel point nous sommes tous si intimement liés, le désir d'aider les autres naît tout naturellement, et on s'y prépare en apprenant à prendre sur soi la souffrance des autres, à commencer par nos proches.

Description de l'exercice

Redites-vous: «Je suis un Bouddha», et, tout en restant pénétré de cette conviction, visualisez votre corps sous cette forme, lumineuse et impalpable. Imaginez en face de vous votre père, votre mère et d'autres membres de votre proche famille, qu'ils soient actuellement morts ou en vie. Pensez à chacun d'eux, tour à tour, et essayez de percevoir la souffrance particulière à chacun d'eux: par exemple une mère qui souffre de son trop grand attachement à son époux, un père dévoré par son ambition démesurée, ou un frère handicapé physiquement. Faites mentalement un inventaire précis de chacune de ces peines ou de ces souffrances, puis choisissez-en une qui fera l'objet principal de votre méditation, au cours de laquelle vous essaierez de prendre sur vous cette douleur particulière d'un des membres de votre famille.

Concentrez-vous donc sur la personne et la peine choisies pour cette séance et imaginez que toute cette souffrance — physique ou morale — va sortir de cette personne sous forme d'une sorte de boue noire, visqueuse, lourde et épaisse, un peu comme du goudron — presque solide et d'apparence très malsaine. En inspirant — pas forcément sur chaque inspiration, trouvez le rythme qui vous convient à ce moment-là — vous faites sortir cette boue noire de la personne dont vous voulez prendre la souffrance et vous l'absorbez dans votre corps de Bouddha. Le liquide noir entre dans votre cœur de Bouddha où il brûle, servant de combustible au feu de la compassion, et avivant la flamme de votre compréhension du potentiel de perfection qui se trouve en chacun de nous — l'essence de Bouddha.

Simultanément, sur certaines de vos expirations — selon la fréquence qui vous convient — imaginez que vous envoyiez à cette même personne tout le bien, toute la vertu et tout le bonheur possibles, sous la forme d'une lumière blanche et pure comme le cristal qui émane de votre cœur de Bouddha et pénètre tout le corps de l'autre, le délivrant du même coup de ses souffrances et de ce qui en est la cause.

Vous créez donc un mouvement de va-et-vient à travers lequel vous absorbez la souffrance, sous forme d'un liquide noir, que vous remplacez par la pure lumière blanche du bien et du bonheur.

Concentrez-vous de temps en temps sur l'image de la personne que vous voulez aider en la visualisant à nouveau bien clairement, et repensez à la douleur que vous voulez soulager en elle. Refaites-le aussi souvent que vous en éprouverez le besoin.

Au fur et à mesure que vous avancerez dans l'exercice, le liquide noir va s'éclaircir et se fluidifier, parallèlement à l'élimination progressive de la souffrance. Au bout d'un certain temps — environ une demi-heure — c'est la même lumière blanche et claire qui finit par circuler entre vous et l'autre personne, sur l'inspiration et sur l'expiration (une fois tous les trois ou quatre cycles de respiration suffit, à vous de trouver votre rythme). Pensez que ce membre de votre famille qui a fait l'objet de votre méditation est à présent entièrement débarrassé de ses souffrances et qu'il est devenu lui aussi un Bouddha, comme vous.

* **Remarque importante:** ne craignez pas de tomber malade ou d'être dépassé par cette souffrance que vous tentez de prendre sur vous, car vous n'êtes pas sous votre forme ordinaire: vous êtes le Bouddha pendant que vous faites cet exercice et il ne peut vous arriver aucun mal.

* Pratiquez cette méditation **pendant deux semaines** (ou **plus**, si vous voulez vous concentrer sur plusieurs personnes différentes), à raison d'une **heure quinze minutes par jour**. Partagez votre temps entre les différents membres de votre famille et passez quelques jours sur chacun d'eux.

Exercice nº 13

PRENDRE SUR SOI LA SOUFFRANCE DE SES AMIS, DES ANIMAUX ET DE SON PAYS

Dans cet exercice, on se concentre sur les souffrances de ses amis, des animaux et de son pays. Même si tout le monde souffre, les souffrances des autres ne sont pas toujours évidentes, car elles prennent des formes qui ne sautent pas forcément aux yeux. Il y a toutes sortes de peines — physiques, affectives ou morales — que l'on doit apprendre à reconnaître chez les autres afin de pouvoir les aider à s'en libérer. Si on est conscient des tourments que cause l'attachement, par exemple, on peut essayer de les prendre sur soi, en même temps que leur cause — le désir.

Description de l'exercice

1. *La méditation*

Choisissez comme objet de votre méditation un ou une ami(e), un animal ou une race particulière d'animaux, un groupe ou une association à laquelle vous appartenez, ou la communauté nationale dans son ensemble. Imaginez cette personne, cet animal ou ce groupe devant vous.

La visualisation est la même que dans l'exercice précédent: sur l'inspiration vous prenez en vous la souffrance sous la forme d'un liquide noir, et sur l'expiration vous renvoyez en échange la lumière blanche de la compassion. Non seulement cette lumière soulage les souffrances actuelles de l'être ou du groupe concernés, mais elle leur apporte également ce qu'ils désirent le plus. Quand vous expirez, pensez que vous leur offrez tout ce qui peut combler leurs désirs, car c'est en satisfaisant le **désir** qui est responsable de leurs souffrances que vous pourrez les soulager. Imaginez que la lumière blanche prend automatiquement la forme de ce que chaque être que vous avez visualisé désirait le plus ardemment ou dont il ressentait le plus grand besoin — physique, émotionnel ou intellectuel. Si bien qu'il se sent délivré de son attachement parce que tous ses désirs ont été comblés.

Si vous êtes au courant de ce que souhaite telle ou telle personne, vous pouvez visualiser l'objet en question, en le rendant aussi beau que possible. Si par exemple vous savez qu'Untel brûle d'envie d'avoir une maison, imaginez-la la plus belle possible et offrez-la-lui par l'intermédiaire de la lumière que vous lui envoyez en expirant.

Quand vous aurez l'impression d'avoir parfaitement comblé les désirs de celui ou ceux que vous aviez visualisés devant vous et d'avoir ainsi brisé les chaînes de l'attachement et des souffrances qu'elles entraînaient, imaginez que ces personnes prennent elles aussi la forme d'un Bouddha.

2. *Intégrez la méditation à la vie quotidienne*

La méditation n'est pas seulement ce moment abstrait du cours normal des choses que vous passez assis sur votre coussin ou sur votre chaise. C'est un état d'esprit, une qualité d'attention qu'on apprend progressivement à cultiver tout au long de la journée, au cœur même de ses activités quotidiennes. Redites-vous fréquemment pendant vos journées: «Je suis un Bouddha», et faites en sorte que cette conviction nourrisse et oriente chacune de vos pensées et de vos paroles, chacun de vos actes. Ravivez sans cesse votre intention d'aider les autres: on voit suffisamment de souffrance autour de soi chaque jour pour ne pas risquer de l'oublier. Essayez de maintenir une continuité d'attention enracinée dans cette préoccupation altruiste: vous souhaitez prendre sur vous la souffrance des autres et y substituer la satisfaction de leurs désirs. Envoyez-leur de la lumière blanche pour les combler, aussi souvent que l'idée vous en viendra.

Je voudrais préciser un point, pour éviter tout risque d'équivoque: quand je dis «Pensez que vous êtes un Bouddha», cela ne signifie pas se prendre pour un Bouddha, comme d'autres se prennent pour Napoléon ou pour Jeanne d'Arc; ça ne veut pas dire aller le crier sur les toits et embêter tout le monde en déclarant qu'on est un Bouddha — sous prétexte qu'un lama tibétain vous l'aurait dit — et en s'attendant à être révéré comme tel! Il s'agit de se pénétrer d'une conviction qui correspond à la réalité ultime de notre nature, pour nous aider à en développer tout le potentiel — pour le plus grand bien des autres et de nous-mêmes. Une conviction que vous garderez en vous, que vous nourrirez et renforcerez chaque jour et qui vous sustentera et vous donnera des forces, jour après jour.

Il est évident qu'il y aura bien des moments où vous vous sentirez tout à fait incapable de prendre sur vous la souffrance des autres et de leur donner l'amour et la compassion pure d'un Bouddha. Quand vous aurez envie d'envoyer votre collègue de travail au diable ou que vous en serez à votre énième scène de ménage de la semaine, vous aurez parfois l'impression d'être en contradiction totale avec vous-même, tiraillé entre la noblesse de vos idéaux d'amour inconditionnel et la triste réalité de vos paroles et de vos actes, sans parler de ce qui se passe dans votre tête! Mais ne vous découragez surtout pas. C'est dans ces moments-là qu'il faudra se souvenir que le potentiel de perfection — l'essence de Bouddha — qui est en chacun de nous reste invariablement pur, quelles que soient nos faiblesses et nos erreurs. Rien ne peut le souiller et il conserve toutes ses qualités, comme un morceau d'or enfoui sous des tonnes de détritus qu'on retrouverait des années après sa disparition. Faites confiance au meilleur de vous-même et dites-vous aussi que la pureté même de votre objectif est une force capable de vous soutenir à travers toutes vos vicissitudes.

* Pratiquez cette méditation **pendant deux semaines**, à raison d'**une heure et quinze minutes par jour**, en consacrant deux ou trois jours à chacun des sujets de méditation que vous avez choisis.

Exercice nº 14

PRENDRE SUR SOI LA SOUFFRANCE DE SES ENNEMIS

Pour cette méditation, on considérera qu'il y a trois catégories d'ennemis :

1. Les ennemis lointains : ceux-ci se situent à l'échelle de la nation à laquelle on appartient. Il peut s'agir d'autres nations en guerre avec votre pays ou qui l'oppressent d'une manière ou d'une autre, aussi bien que d'éléments ou de forces plus abstraites comme la famine ou la sécheresse. Ces ennemis-là ne suscitent en nous qu'une inimitié relativement limitée par rapport aux suivants, dans la mesure où les émotions qu'ils suscitent sont généralement beaucoup moins personnelles, et donc moins pénibles.

2. Nos ennemis personnels : il s'agit de personnes que nous n'aimons pas, pour toutes sortes de raisons, mais qui ne font pas partie de nos proches. Quoique nos sentiments soient déjà beaucoup plus virulents que dans le cas précédent, ils restent quand même plus faciles à contrôler qu'avec des intimes.

3. Les intimes avec lesquels on entretient des rapports très difficiles : des amis, des proches ou des personnes de votre famille avec lesquels vous ne vous entendez pas et que vous détestez — par moments ou en permanence — ou qui vous détestent. Si vous n'avez pas de tels ennemis, pensez à un animal dont la présence vous est particulièrement désagréable.

Description de l'exercice

1. *Préparation/purification*

Avant d'essayer de prendre sur soi la souffrance de ses ennemis, il faut d'abord se débarrasser des poisons qui enveniment notre propre esprit, et sans lesquels nous n'aurions pas d'ennemis.

Imaginez-vous un Bouddha de lumière dorée, assis devant vous. Évoquez l'ennemi sur lequel vous allez méditer et laissez monter en vous tous les sentiments négatifs qu'il ou elle vous inspire. Sentez à quel point ces émotions sont fortes et vous agitent, et représentez-les-vous sous forme d'une épaisse fumée noire, à l'intérieur de votre corps.

Ouvrez-vous ensuite à la pureté du Bouddha qui se trouve devant vous. Quand vous inspirez, laissez-vous pénétrer par les rayons de lumière dorée qui émanent de son corps, et en expirant, imaginez-vous que vous expulsez de votre corps l'épaisse fumée noire — les violentes émotions qui vous habitent — qui s'enfonce dans le sol, à peu près à un mètre devant vous, et s'y dissout complètement.

Au fur et à mesure que l'exercice avance, sentez que la lumière dorée se substitue de plus en plus à la fumée noire, jusqu'à ce qu'il n'en reste plus. Vous êtes à présent aussi pur qu'un Bouddha et donc prêt à prendre sur vous la souffrance de vos ennemis. Pénétré de cette conviction, passez à la phase suivante.

2. *Premier stade: être prêt à accepter la souffrance que vous causent vos ennemis. Absorber un nuage de poisons*

Imaginez-vous tous vos ennemis réunis devant vous : ceux qui ne vous touchent que de loin, vos proches, vos intimes, les membres de votre famille — tous ceux que vous détestez pour une raison ou pour une autre.

L'ensemble des sentiments négatifs que vos ennemis ont pour vous prend la forme d'un nuage noir qui représente les poisons de l'esprit (le désir, la haine et l'ignorance, et toutes leurs variantes). N'oubliez pas que vous êtes l'égal d'un Bouddha, parfaitement pur de corps, de parole et d'esprit et, en inspirant, absorbez progressivement ce nuage noir. Dès que les impuretés qui forment le nuage pénètrent en vous, elles se consument et se transmutent : sur l'expiration, vous envoyez vers vos ennemis une lumière blanche et radieuse de pureté — celle de la compassion.

Au fur et à mesure que la méditation avance, sentez croître votre envie d'aider les autres à évoluer et à progresser. Ne cherchez pas à vous dérober aux poisons que vous distillent vos ennemis, proches et lointains ; pensez que vous acceptez les souffrances qu'ils vous causent et que, au lieu de les haïr en retour, vous leur envoyez l'amour et la compassion d'un Bouddha, sous forme de lumière blanche.

3. *Deuxième stade : prendre sur soi les souffrances d'un ennemi*

Comme au premier stade de l'exercice, vous êtes purifié, égal à un Bouddha.

Pensez à une personne bien précise, avec qui vous avez des rapports difficiles, quelle qu'en soit la raison — haine, jalousie, mésentente, mépris — (à défaut d'une telle personne, évoquez un animal dont la présence vous serait pénible), et imaginez-la en face de vous.

Une fois que vous sentez bien la présence de cette personne ou de cet animal, essayez de déceler la cause principale de ses souffrances — la colère, le désir, l'orgueil, la stupidité, la jalousie, etc. — et imaginez ce poison sous la forme d'une épaisse fumée noire qui sort de celui ou celle que vous avez devant vous et que vous absorbez en inspirant.

Comme précédemment, cette fumée est purifiée en vous par la compassion et, quand vous expirez, vous la renvoyez à la personne qui est en face de vous sous forme d'une radieuse lumière blanche et pure. Vous pouvez aussi imaginer d'autres couleurs, mais avec une prédominance de blanc.

Plus vous envoyez de lumière blanche en expirant, et plus

la fumée pâlit et s'estompe. Pour finir, il ne reste plus que de la lumière blanche qui circule entre vous et l'autre, lui-même devenu parfaitement pur, l'égal d'un Bouddha, comme vous. Vous serez donc désormais capables de vous comprendre l'un l'autre et de vous respecter mutuellement.

A la fin de cette méditation, laissez votre esprit se détendre et s'immerger dans une sensation d'espace illimité. Restez-y aussi longtemps que cela vous semblera naturel et confortable.

* **Pratiquez** cette méditation **pendant quatre semaines**, à raison d'**une heure et demie par jour**. Concluez à chaque fois par un moment de détente complète de l'esprit.

Exercice n° 15

LA SPHÈRE D'ARC-EN-CIEL

Il est facile de se laisser emporter par la violence de certains de ses sentiments et de ses émotions, même si cela doit causer ensuite pas mal de problèmes et de souffrances, comme vous l'avez sans doute déjà appris à vos dépens. On a donc intérêt à apprendre à identifier ces mécanismes affectifs pour pouvoir les comprendre et mieux les contrôler ensuite.

C'est justement l'objectif de cet exercice dont le maître mot est *comprendre*. Si par exemple on a un tempérament jaloux, ce n'est pas en se disant qu'il ne faut pas l'être qu'on en guérira. Il faut plutôt se rendre compte qu'en agissant sous l'empire de la jalousie, on se fait du mal et on en fait à l'autre, qu'on prétend aimer et vouloir rendre heureux ; on aliène sa liberté et on perd son jugement. C'est en *comprenant* à quel point la jalousie nous empoisonne la vie qu'on aura envie de s'en débarrasser. Et ainsi de suite pour les autres émotions qui nous embrouillent les idées et nous déchirent le cœur, sans parler des ravages qu'elles font autour de nous.

Cet exercice se décompose en six parties, chacune étant basée sur la visualisation d'une lumière de couleur particulière, transparente et impalpable, chargée d'un pouvoir thérapeutique, physique et moral. (Par exemple, si on a mal à la tête, ou ailleurs, on peut s'imaginer que la lumière vient irradier l'endroit affecté par la douleur et la soulage, comme un médicament.)

La confiance joue naturellement un rôle important ici : il faut considérer ces lumières colorées comme la manifestation du potentiel thérapeutique de l'esprit ; la cancérologie contemporaine joue d'ailleurs sur ce pouvoir d'autoguérison en faisant pratiquer certaines visualisations aux malades.

Plus on s'habituera à visualiser ces lumières, et mieux on arrivera à se décontracter et à en tirer profit. Cela dit, ce n'est pas la panacée et il n'est pas question d'en attendre une guérison miraculeuse : la maladie fait aussi partie de la vie, et c'est un phénomène complexe dont l'apparition est conditionnée par de multiples facteurs. Néanmoins, si la visualisation des lumières colorées ne nous guérit pas de tous nos maux, elle pourra nous aider à mieux les vivre. Comme on l'a déjà fait remarquer, plus on a confiance dans le pouvoir thérapeutique d'un remède, et plus il aura d'effet bénéfique sur celui qui y recourt. Si on n'y croit pas tellement et qu'on les fait du bout des lèvres, il est évident que ces exercices auront un moindre impact sur nous. Mais une chose est en tout cas certaine : cela ne vous fera aucun mal...

Comme pour les exercices précédents, la visualisation est synchronisée avec la respiration : la lumière pénètre dans le corps avec l'inspiration, tandis que les perturbations émotionnelles et la douleur sont refoulées par l'expiration. La lumière agit toujours sur tous les plans à la fois — physique, verbal et mental — puisque c'est à ce niveau-là qu'interviennent nos difficultés, et on peut la concentrer sur des points qui nous font particulièrement souffrir, physiquement ou moralement.

C'est par commodité que les différentes émotions sont traitées séparément, mais il est important de ne pas perdre de vue qu'elles sont toutes liées par la racine — l'ego. Prenez l'orgueil, par exemple, il peut revêtir toutes sortes de formes colorées par les autres poisons de l'esprit : on peut être fier en même temps que jaloux, stupide, coléreux et ainsi de suite. Ce qui veut dire que, même lorsque vous travaillez sur une seule couleur, vous profitez en même temps des effets bénéfiques des autres couleurs.

Quand vous aurez terminé tous les exercices de la série, vous pourrez ensuite reprendre ponctuellement telle ou telle lumière en fonction de ce qui vous donne le plus de fil à retordre à un moment donné. Si par exemple vous vous sentez incapable de vous contrôler à cause de votre jalousie, servez-vous de la lumière verte comme remède.

Description de l'exercice

Considérez d'abord l'émotion qui vous dérange, comme la jalousie ou l'orgueil, et sur laquelle vous voulez travailler. Rendez-vous compte à quel point elle empoisonne votre vie et prenez conscience des répercussions pénibles qu'elle a sur vous et sur les autres.

Imaginez ensuite que vous regardez un ciel très pur d'un bleu d'azur, ou bien un ciel de nuit d'un bleu profond et plein d'étoiles, selon ce qui vous plaira le plus. Dans le lointain apparaît une sphère de lumière où l'on distingue six couleurs, aussi vives et étincelantes que des pierres précieuses: blanc, vert, jaune, bleu ciel, rouge et bleu nuit. Iridescentes et impalpables comme les couleurs de l'arc-en-ciel, ces lumières colorées ne cessent de tournoyer et d'ondoyer dans la sphère (comme dans les bulles de savon). N'importe laquelle d'entre elles peut devenir la couleur dominante de la sphère, selon les besoins de l'exercice. Pénétrez-vous de l'idée que chaque couleur possède réellement un pouvoir thérapeutique capable de soulager vos douleurs et de remédier à la négativité de vos émotions. Souvenez-vous aussi quand vous ferez les différentes parties de l'exercice que chacune de ces lumières contient l'essence de toutes les autres.

En inspirant, vous absorbez dans votre corps — sous sa forme habituelle — la lumière de la sphère qui vous aide à maîtriser l'émotion négative correspondant à sa couleur. En expirant, vous expulsez de votre corps ce facteur de déséquilibre affectif, sous la forme d'une fumée de couleur malsaine qui se dissout dès qu'elle est à une trentaine de centimètres de vous.

Une fois que vous commencez à sentir les effets positifs

de l'exercice, concluez la séance en imaginant que vous envoyiez la lumière thérapeutique que vous venez d'utiliser à une personne qui en a particulièrement besoin. Par exemple si vous connaissez quelqu'un de très orgueilleux et que vous vouliez l'aider, envoyez-lui la lumière blanche et laissez-la ensuite rayonner sur tout le monde.

Ces exercices peuvent vous être très utiles, non seulement en tant qu'individu, mais aussi dans vos rapports aux autres: si vous maîtrisez mieux les aspects négatifs de votre personnalité, vous risquez moins de heurter les autres ou de les blesser. Ce qui veut dire qu'en se purifiant, on fait son véritable premier pas en direction des autres.

Si vous êtes tendu ou mal à l'aise pendant ces méditations, refaites un peu des exercices précédents: «Relaxation», «S'ouvrir» ou «Sentir», avant de poursuivre.

* Pratiquez **«la sphère d'arc-en-ciel» pendant six semaines**, soit **une semaine pour chaque couleur**, à raison d'**une heure par jour**.

1. *Visualisation de la lumière blanche: le remède à l'orgueil*

Cherchez en vous tout ce qui s'apparente à l'orgueil. «Orgueil» est à prendre ici dans le sens d'arrogance, d'une attitude de hauteur et de condescendance, et d'un sentiment de supériorité par rapport aux autres. Considérez-en les manifestations dans votre vie quotidienne et voyez comment cela vous affecte, physiquement et émotionnellement.

Visualisez la sphère d'arc-en-ciel devant vous, dans le ciel bleu (du bleu de votre choix, on l'a dit). Les lumières multicolores qui tournoient dans la sphère s'unissent pour donner une lumière blanche, étincelante et pure comme l'eau d'un diamant. Imaginez que cette lumière vous pénètre tandis que vous inspirez; elle vous permet d'identifier l'orgueil qui se trouve en vous, de le comprendre, de l'accepter et de vous en débarrasser. Il se transforme en fumée noire et épaisse que vous expulsez en expirant et qui se dissout complètement dès qu'elle est à une trentaine de centimètres de votre corps.

Pensez que la lumière vous a totalement purifié de l'orgueil et a effacé toutes les conséquences nuisibles de ce que vous avez pu penser, dire ou faire sous son emprise. Si vous souffrez d'une maladie quelconque ou que vous ayez mal quelque part, concentrez-vous sur l'action de la lumière à cet endroit-là, et sentez-en les effets bienfaisants.

A la fin de votre séance, quand vous vous sentirez purifié de l'orgueil, dirigez la lumière blanche sur ceux que vous connaissez, puis sur tous les autres.

Pour finir, la lumière blanche réintègre la sphère qui redevient multicolore et s'éloigne progressivement dans l'espace où elle s'évanouit complètement. Laissez l'esprit reposer dans l'espace sans limites aussi longtemps que cela vous semblera naturel.

2. *Visualisation de la lumière verte : le remède à la jalousie*

Cherchez en vous tout ce qui s'apparente à la jalousie. Considérez-en les manifestations dans votre vie quotidienne et les effets sur vous, sur votre corps et sur vos sentiments.

Visualisez la sphère d'arc-en-ciel devant vous, dans le ciel bleu. Les lumières multicolores qui tournoient dans la sphère s'unissent en une lumière vert émeraude. Imaginez que cette lumière vous pénètre tandis que vous inspirez ; elle vous permet d'identifier votre jalousie, de la comprendre, de l'accepter et de vous en débarrasser. Elle se transforme en une épaisse fumée vert foncé que vous expulsez en expirant et qui se dissout complètement dès qu'elle est à une trentaine de centimètres de votre corps. Si vous souffrez d'une maladie quelconque ou que vous ayez mal quelque part, concentrez-vous sur l'action de la lumière à cet endroit-là, et sentez-en les effets bienfaisants.

A la fin de votre séance, quand vous vous sentirez purifié de la jalousie dirigez la lumière verte d'abord sur ceux que vous connaissez, puis sur tout le monde.

Pour finir, imaginez que la lumière verte réintègre la sphère qui redevient multicolore et s'éloigne graduellement dans l'espace où elle s'évanouit complètement. Laissez l'esprit reposer dans l'espace sans limites aussi longtemps que ça vous semblera naturel.

3. *Visualisation de la lumière jaune : le remède au désir et à la frustration*

Examinez tous les désirs et les frustrations que vous ressentez en vous. Considérez-en les manifestations dans votre vie quotidienne et les répercussions physiques et affectives. Remarquez les sensations physiques qui sont associées à ces émotions.

Visualisez la sphère d'arc-en-ciel devant vous, dans le ciel bleu. Les lumières multicolores qui tournoient dans la sphère s'unissent en une lumière d'un jaune d'or brillant. Imaginez que cette lumière vous pénètre tandis que vous inspirez : elle vous permet d'identifier vos désirs floués, votre instatisfaction, votre mécontentement et vos frustrations, de les comprendre, de les accepter et de vous en débarrasser. Ces sentiments se transforment en une épaisse fumée d'un jaune trouble et foncé que vous expulsez en expirant et qui se dissout complètement dès qu'elle est à une trentaine de centimètres de votre corps. Si vous souffrez d'une maladie quelconque ou que vous ayez mal quelque part, concentrez-vous sur l'action de lumière à cet endroit-là, et sentez-en les effets bienfaisants.

A la fin de votre séance, quand vous vous sentirez libéré du désir et de la frustration dirigez la lumière jaune sur ceux que vous connaissez, puis sur tout le monde.

Pour finir, imaginez que la lumière jaune réintègre la sphère qui redevient multicolore et s'éloigne graduellement dans l'espace où elle s'évanouit complètement. Laissez l'esprit reposer dans l'espace sans limites aussi longtemps que ça vous semblera naturel.

4. *Visualisation de la lumière bleu ciel: le remède à la stupidité*

«Stupidité» doit s'entendre ici dans le sens d'apathie et de mollesse, d'une certaine complaisance vis-à-vis de soi, comme quand on préfère ne rien savoir et faire l'autruche. Il s'agit de stupidité dans le sens d'une non-connaissance délibérée, due à l'absence de volonté de savoir et de comprendre, imputable à l'apathie et à la passivité.

Cherchez en vous tout ce qui s'apparente à la stupidité au sens où on l'a définie: apathie, mollesse, passivité et complaisance vis-à-vis de soi. Considérez-en les manifestations dans votre quotidien et les effets sur vous, sur votre corps et sur votre affectivité.

Visualisez la sphère d'arc-en-ciel devant vous dans le ciel bleu. Les lumières multicolores qui tournoient dans la sphère s'unissent en une lumière bleu ciel. Imaginez que cette lumière vous pénètre tandis que inspirez; elle vous permet d'identifier tout ce qui relève de la stupidité et de l'apathie, de le comprendre, de l'accepter et de vous en débarrasser. Ces sentiments se transforment en une épaisse fumée bleu foncé que vous expulsez en expirant et qui se dissout complètement dès qu'elle est à une trentaine de centimètres de votre corps. Si vous souffrez d'une maladie quelconque ou que vous ayez mal quelque part, concentrez-vous sur l'action de la lumière à cet endroit-là, et sentez-en les effets bienfaisants.

A la fin de votre séance, quand vous vous sentirez purifié de la stupidité, dirigez la lumière bleu ciel sur ceux que vous connaissez, puis sur tout le monde.

Pour finir, imaginez que la lumière bleu ciel réintègre la sphère qui redevient multicolore et s'éloigne graduellement dans l'espace, où elle s'évanouit complètement. Laissez l'esprit reposer dans l'espace sans limites aussi longtemps que ça vous semblera naturel.

5. *Visualisation de la lumière rouge : le remède à l'avidité*

Cherchez en vous l'avidité et ses insatiables envies, ainsi que tout ce qui s'y apparente : l'impression de manque et de pauvreté, le sentiment de solitude, les tendances à l'avarice et l'incapacité à partager avec les autres. Considérez-en les manifestations dans votre quotidien et la manière dont cela vous affecte, physiquement et moralement.

Visualisez la sphère d'arc-en-ciel devant vous dans le ciel bleu. Les lumières multicolores qui tournoient dans la sphère s'unissent en une lumière d'un rouge brillant comme le rubis — une couleur chaude, vivante et gaie. Imaginez que cette lumière vous pénètre tandis que vous inspirez ; elle vous permet d'identifier tout ce qui relève de l'avidité, de le comprendre, de l'accepter et de vous en débarrasser. Ces sentiments se transforment en une épaisse fumée brun foncé que vous expulsez en expirant et qui se dissout complètement dès qu'elle est à une trentaine de centimètres de votre corps. Si vous souffrez d'une maladie quelconque ou que vous ayez mal quelque part, concentrez-vous sur l'action de la lumière à cet endroit-là, et sentez-en les effets bienfaisants.

A la fin de votre séance, quand vous vous sentirez purifié de l'avidité et des sentiments qui y sont associés, dirigez la lumière rouge sur ceux que vous connaissez, puis sur tous les autres.

Pour finir, imaginez que la lumière rouge réintègre la sphère qui redevient multicolore et s'éloigne graduellement dans l'espace où elle s'évanouit complètement. Laissez l'esprit reposer dans l'espace sans limites aussi longtemps que ça vous semblera naturel.

6. *Visualisation de la lumière bleu nuit : le remède à la colère*

Cherchez en vous la colère, la haine et tout ce qui s'y apparente. Considérez-en les manifestations dans votre quotidien et ses effets sur vous, sur votre corps et sur votre affectivité.

Visualisez la sphère d'arc-en-ciel devant vous dans le ciel bleu. Les lumières multicolores qui tournoient dans la sphère s'unissent en une lumière bleu nuit qui a l'éclat d'une pierre précieuse. Imaginez que cette lumière vous pénètre tandis que vous inspirez ; elle vous permet d'identifier tout ce qui relève de la colère et de la haine, de le comprendre, de l'accepter et de vous en débarrasser. Ces sentiments se transforment en une épaisse fumée noire et sale que vous expulsez en expirant et qui se dissout complètement dès qu'elle est à une trentaine de centimètres de votre corps. Si vous souffrez d'une maladie quelconque ou que vous ayez mal quelque part, concentrez-vous sur l'action de la lumière à cet endroit-là, et sentez-en les effets bienfaisants.

A la fin de votre séance, quand vous vous sentirez purifié de la colère, de la haine et des sentiments qui y sont associés, dirigez la lumière bleu nuit sur ceux que vous connaissez, puis sur tous les autres.

Pour finir, imaginez que la lumière bleu nuit réintègre la sphère qui redevient multicolore et s'éloigne graduellement dans l'espace où elle s'évanouit complètement. Laissez l'esprit reposer dans l'espace sans limites aussi longtemps que ça vous semblera naturel.

Question : *J'ai parfois l'impression d'être coincé dans une impasse : c'est comme si tout se répétait tout le temps. Ce sont toujours les mêmes images et les mêmes expériences qui reviennent, quelles que soient les méditations et les visualisations que je fasse. Que me conseillez-vous pour résoudre ce genre de problème ?*
Réponse : Je pense qu'il serait bon de vous reposer un peu l'esprit, de le laisser se détendre.

Question : *Mais je sens que je m'irrite de plus en plus parce que j'ai l'impression de ne faire aucun progrès et j'en arrive à me mettre en colère contre l'exercice.*
Réponse : Vous avez l'impression de ne pas faire de progrès, mais vous remarquez que vous êtes en colère : je pense au

contraire qu'il y a là un progrès parce qu'avant, vous ne vous rendiez même pas compte que vous étiez en colère. Constater sa colère est aussi une façon de progresser. Si vous époussetez une table qui n'a pas été nettoyée depuis des années, vous soulèverez un grand nuage de poussière et vous ne remarquerez pas chacune des petites poussières qui le composent. Mais si vous faites le ménage tous les jours, la moindre petite poussière vous sautera aux yeux.

L'UNIVERS TRANSFIGURÉ PAR LA COMPASSION

Cet exercice est destiné à vous préparer à reconnaître la pureté et la perfection intrinsèques de l'univers et de tous les phénomènes, telles qu'elles se révèlent quand la compassion a purifié notre perception déformée par l'ego.

Description de l'exercice

Préparation: établir en soi un sentiment de compassion

Commencez chaque séance en méditant un bref instant sur les «Quatre Incommensurables Vertus[1]»:

«Que tous les êtres soient heureux et trouvent les causes du bonheur;

Que la souffrance et ses causes leur soient à tous épargnées;

Qu'aucun d'eux ne soit privé du véritable bonheur — exempt de toute souffrance;

Et qu'ils éprouvent toujours la grande impartialité qui ne connaît ni attachement aux êtres chers, ni aversion pour les autres.»

1. Les «Quatre Incommensurables Vertus»: il s'agit d'un texte de prière et d'un thème de méditation traditionnels dans lequel on exprime quatre souhaits correspondant à quatre vertus «incommensurables» qu'on essaie de développer en soi. Chaque verset correspond à une vertu: l'*amour,* pour le premier verset (souhaiter le bonheur des autres), la *compassion,* pour le deuxième (souhaiter la fin de la souffrance des autres), la *joie,* pour le troisième (se réjouir du véritable bonheur, celui que génère la vertu et qui est au-delà de toute souffrance), et l'*impartialité,* pour le quatrième (souhaiter que tous puissent agir impartialement).

Si cela vous paraît un peu compliqué ou si ce libellé traditionnel vous pose problème, pénétrez-vous simplement d'un sentiment de compassion en souhaitant que plus personne ne souffre jamais.

1. *Transfiguration de votre être par la compassion*

Imaginez que le ciel est traversé d'un bout à l'autre par trois immenses rayons lumineux horizontaux, à peu près à la hauteur de votre regard. C'est la grande lumière de la compassion universelle qui vous apparaît sous la forme de ces trois bandes de lumière superposées : la première, en partant du haut, est d'une blancheur éblouissante et irisée, transparente comme le cristal, la seconde est d'un rouge éclatant et chaud, et la troisième d'un bleu profond. Pensez que vous avez devant vous une manifestation active de la compassion universelle et sentez-en la présence à travers cette lumière tricolore.

Imaginez alors que la partie blanche de la lumière de compassion émet vers vous des rayons blancs, très brillants. Votre corps tout entier se remplit de lumière blanche et irisée ; pensez qu'il est à présent complètement purifié et transparent.

La bande rouge de la lumière de compassion émet ensuite vers vous ses rayons couleur rubis qui pénètrent dans votre gorge. Pensez que votre parole est totalement purifiée par cette lumière.

Enfin, la bande bleue de la lumière de compassion émet ses rayons d'un bleu vif (couleur des bleuets) qui entrent en vous par le centre du cœur[1]. Pensez que la lumière purifie entièrement votre esprit, avec toutes les pensées et les sentiments qui l'habitent.

La lumière de la compassion vous a complètement

1. *Centre du cœur :* non pas dans le sens du centre — du milieu — du muscle cardiaque, mais dans le sens de *chakra,* un des centres d'énergie psychosomatique (selon la philosophie et la médecine orientales) comme un cercle qui serait centré au milieu de la poitrine.

purifié — corps, parole et esprit; vous êtes maintenant parfaitement pur à tous les niveaux de votre être — physique, verbal et mental. Tout votre être a été transfiguré par la compassion.

2. *Transfiguration de l'univers entier par la compassion*

Imaginez à présent que la lumière tricolore de la compassion qui est toujours là, devant vous dans le ciel, se met à briller intensément et remplit l'univers entier de rayons blancs, rouges et bleus. Pensez que cette lumière illumine toute la galaxie, et d'autres au-delà de notre monde connu, et que tout ce qui s'y trouve est totalement purifié et transfiguré. L'univers entier devient un lieu paradisiaque — un monde de pureté, de perfection, et de bonheur total. Tous les sons qui s'y font entendre sont infiniment beaux et purs; ils sont la résonance spontanée, l'expression naturelle de la perfection. Toute la pensée qui anime l'univers — quels qu'en soient la forme ou le mode —, les moindres mouvements de l'esprit représentent l'essence même de la perfection.

Si vous êtes particulièrement préoccupé par les problèmes ou les souffrances d'un pays, d'un peuple ou de personnes données, vous pouvez avoir une pensée pour eux au moment où la lumière tricolore de la compassion remplit l'univers; imaginez qu'elle les irradie tout particulièrement, au passage.

Phase finale

Restez immergé dans cet état de perfection aussi longtemps que cela vous semblera naturel, sans forcer. Terminez comme vous aviez commencé dans la préparation par un moment de contemplation sur les «Quatre Incommensurables Vertus» ou sur le sentiment de compassion.

* Pratiquez cet exercice **pendant quatre semaines**, à raison d'une séance d'**une demi-heure par jour**.

Annexe

Portrait d'un dresseur de tigre

Le petit «grand précieux»

Le petit Akong naît le jour de Noël 1939, au Kham, dans l'est du Tibet, une région limitrophe de la Chine. C'est donc un *Khampa*, comme on appelle les habitants de ce pays qui sont un peu comme les anciens pionniers et cow-boys du Far West des États-Unis: des gens à l'âme bien trempée, forts, aventureux, indépendants, de la race des terriens et des combattants (c'est chez eux que se recrute le noyau fort de la résistance antichinoise).

L'enfant a moins de deux ans quand une délégation de moines du monastère de Dolma Lhakhang arrive à la ferme de ses parents, porteurs d'une lettre du Karmapa, le grand patriarche de la tradition bouddhique Kagyupa qui est la descendance spirituelle du célèbre Milarépa, un des plus beaux exemples de la spiritualité humaine. L'enfant a été reconnu comme étant la nouvelle incarnation — le *toulkou* — de l'ancien abbé du monastère de Dolma Lhakhang, désormais considéré comme le «premier Akong». Il représente donc la nouvelle forme humaine sous laquelle l'énergie spirituelle du précédent Akong va continuer à se manifester pour aider les autres: telle est en tout cas l'interprétation du phénomène dans la perspective du bouddhisme tibétain.

Les racines

Chez cet enfant de deux ans à peine se profile donc déjà Lama Akong (1883-1938), comme on l'appelait à l'époque, l'abbé du monastère de Dolma Lhakhang choisi par ses pairs en raison de sa compassion naturelle et des exceptionnelles qualités que lui conférait une profonde spiritualité. Lama Akong consacra toute sa vie à la méditation et acquit une remarquable maîtrise des Six Yogas de Naropa, un ensemble de techniques permettant d'accéder à la connaissance de la véritable nature de l'esprit et de tous les phénomènes. Il était également connu pour ses talents de médecin et de guérisseur, en particulier parce qu'il sauva la vie du grand Kongtrul de Palpung, en 1936. Les deux hommes se connaissaient bien, pour avoir eu l'occasion de se donner mutuellement divers enseignements et initiations, neuf ans plus tôt. Kongtrul se trouvait dans la région de Dolma Lhakhang quand il tomba très gravement malade. Les efforts de ses médecins restant vains, il insista pour que Lama Akong vienne le soigner, convaincu que lui seul pouvait le guérir — ce qui fut effectivement le cas. Lama Akong avait alors lui-même 54 ans, et lorsqu'il mourut, deux ans plus tard, les témoins rapportent que, pendant cinq jours après le décès, son corps resta en position de méditation sans s'affaisser, rapetissant ensuite jusqu'à la taille d'un petit enfant.

Un jeune abbé tibétain

Le deuxième Akong allait avoir un destin plus mouvementé que son prédécesseur : officiellement reconnu à deux ans, intronisé à trois, l'enfant continue à vivre avec ses parents et ses frères jusqu'à l'âge de six ans. C'est alors qu'il vient s'installer au monastère et entre officiellement en fonction, tout en recevant la formation intensive d'un *toulkou* appelé à de grandes responsabilités spirituelles : il étudie toutes les disciplines de base du cursus philosophique, étudie la médecine, reçoit tous les grands enseignements et initiations qu'il aura lui-même à transmettre à d'autres, et renoue avec la pratique de la méditation, sous la direction du Kongtrul de Sétchen qui le déclare grand maître de méditation. Le jeune *toulkou* veille au bien-être spirituel — et matériel — du millier de moines de son monastère et des quatre nonneries qui en dépendent; il dirige les retraites de longue durée d'une cinquantaine de personnes vivant en ermitage, et accomplit tous les devoirs pastoraux qui sont ceux d'un lama envers la communauté locale et régionale — prières et rituels ponctuant les différents événements de la vie, conseil et direction spirituelle, bénédictions et initiations. A quoi s'ajoutent ses visites aux malades en tant que médecin.

L'épreuve des faits

Cette formation intensive et éclectique sera vite mise à l'épreuve des faits: en 1959, Akong Toulkou qui n'a pas encore 20 ans, est amené à prendre très vite des décisions irrévocables, pour lui et pour ceux qui l'entourent. L'occupation des Chinois venus «libérer» les Tibétains dès 1951 est entrée dans une phase agressive qui vise tout bonnement à éradiquer le bouddhisme en tant que réalité spirituelle, culturelle et sociale au Tibet. Akong Toulkou et Chögyam Trungpa prennent la tête d'un groupe de trois cents personnes qui vont marcher un an, en se cachant, franchissant les neiges de l'Himalaya à pied, en plein hiver, pour aller se réfugier en Inde; à l'arrivée, ils n'étaient plus que vingt. Vingt à avoir échappé à la capture ou aux balles, au froid, à la faim et à l'épuisement... Au bout de leur odyssée, quand il ne leur restait plus rien à manger depuis longtemps, ils en étaient réduits à faire bouillir des morceaux de cuir de leurs chaussures afin de se mettre quand même quelque chose dans l'estomac pour avoir la force de continuer...

Le dresseur de tigre

Cette fuite vers l'exil fut comme une petite mort pour ceux qui y survécurent. Akong Toulkou, le jeune lama dont la vie avait semblé toute tracée au service des âmes dans les hauteurs du Tibet, se retrouvait dans la touffeur d'un camp de réfugiés en Assam, affaibli et tuberculeux, bouleversé à la pensée de tous ceux qui n'avaient pas pu fuir le Tibet et de tous ses compagnons morts en route — dont un de ses frères. Mais il restait tout à fait conscient de sa raison de vivre et de survivre: préserver et transmettre les trésors d'une spiritualité vivante dont la valeur lui apparaissait peut-être encore plus clairement que jamais, dans ces heures dramatiques. On peut vous prendre votre pays et votre famille, détruire votre culture et les manifestations extérieures de votre foi, mais personne ne peut violer l'espace intérieur qu'on a découvert en soi-même.

On touche là à la signification essentielle de la spiritualité: le moyen de faire face à tout ce qui peut arriver, en soi et à l'extérieur de soi. Faire face: à ses sentiments les plus irrépressibles — au feu de la colère, à la dépression, au découragement, au désir passionné, à l'amertume du ressentiment; faire face aux autres et à toutes les tribulations qu'occasionnent nos rapports avec eux; faire face à un monde si différent de ce qu'on en attend. Faire face au lieu de se boucher les yeux pour ne rien voir, au lieu de remplir le moindre interstice de sa vie jusqu'à ce qu'il n'y ait plus de place pour la lucidité. Et en ce sens-là, le jeune Akong Toulkou était parfaitement équipé pour faire face à ce qui lui arrivait: c'était un «dresseur de tigre». Pas de ces hommes en uniforme à brandebourgs, avec bottes et fouet à la main, qui apprennent des tours à de gros chats dangereux et élégants. Mais de ceux qui ont appris à dompter ce «tigre» intérieur qu'est l'esprit tant qu'il n'a pas reconnu sa véritable nature.

Au vu d'un tel récit, on ne s'étonnera pas de ce que ce

thème ait toujours été, et demeure, l'élément essentiel de l'enseignement d'Akong Rinpoché...

Le Tibet en Écosse

Après quelques années passées en Inde, Akong Toulkou se voit offrir la possibilité de partir pour la Grande-Bretagne. En compagnie de Chögyam Trungpa et de quelques autres, en 1963 il arrive à Oxford où il travaille comme aide soignant dans un hôpital. On s'intéresse à eux, on pressent la valeur de ce que ces jeunes lamas ont à transmettre: des soirées et des week-ends d'enseignement et de méditation s'organisent autour d'eux. Et, de fil en aiguille, le petit groupe informel qui s'est constitué autour d'Akong et Trungpa souhaite aller plus loin que des rencontres occasionnelles: on cherche un lieu de vie et d'étude. Le hasard des circonstances les amène à se fixer dans un petit village du sud de l'Écosse, dont — coïncidence — les collines ondoyantes rappellent, paraît-il, certaines contrées de l'Est tibétain.

C'est ainsi qu'en 1967, Akong Toulkou et Chögyam Trungpa fondent le premier centre d'étude du bouddhisme tibétain en Occident, *Samyé-Ling*: *Samyé* («inconcevable»), en souvenir du nom du premier monastère bouddhiste fondé au Tibet au VIIIe siècle, et *Ling*, qui signifie le lieu, l'endroit. Par l'intermédiaire de Padmasambhava, le grand maître célèbre pour avoir «subjugué les démons», l'Inde avait transmis la flamme de la spiritualité bouddhique au Tibet, qui l'avait nourrie et entretenue, et qui lui avait conféré un éclat et une coloration particulière avant d'avoir à la confier à l'Occident. Samyé-Ling devenait un des nouveaux porteurs du flambeau.

Vers la fin de 1971, à l'incitation de ses amis et disciples américains, Trungpa emporta la flamme de l'autre côté de l'Atlantique où son style direct et percutant eut un profond impact que ses livres prolongent encore aujourd'hui, malgré son décès prématuré en 1987. Akong Rinpoché resta à

Samyé-Ling qu'il dirige depuis cette époque. Au fil des ans, et à mesure qu'affluaient de plus en plus de visiteurs, l'ancienne maison de chasse de hobereaux écossais des débuts et un autre bâtiment qui y avait été adjoint ne suffisaient plus. Depuis août 1988, un toit aux ailes dorées semble s'envoler au-dessus du vert des collines; c'est celui d'un temple de style tibétain qui surprend désormais les oiseaux et les automobilistes de passage sur cette route de la campagne écossaise. Le temple représente la première phase — terminée — de construction d'un ensemble destiné à améliorer les conditions d'accueil des nombreux visiteurs qui veulent étudier, méditer ou simplement faire une pause pour se ressourcer intérieurement.

Méditation et action

Pour progresser dans quelque domaine que ce soit, il faut à la fois la théorie — la connaissance — et la pratique — l'expérience: on n'avance pas très bien avec une seule jambe. Pour progresser dans la spiritualité, la méditation et l'action doivent aller de pair, et c'est pourquoi Akong Rinpoché en a fait les deux axes autour desquels s'organisent ses activités et celles de Samyé-Ling.

Le volet «méditation» comprend à la fois l'étude théorique qui en est la préparation, et la pratique proprement dite. Akong Rinpoché s'attache à offrir les deux à Samyé-Ling: côté théorie, les meilleurs maîtres contemporains sont invités à enseigner, chacun dans sa spécialité. Côté pratique, chacun peut trouver ce dont il a besoin, au niveau qui est le sien: séminaires intensifs consacrés à l'apprentissage de la méditation ou à une forme de pratique spécifique, possibilité de faire des retraites individuelles ou organisées (dont un progamme spécial qui se déroule sur quatre années consécutives). On peut aussi recevoir des conseils personnels et discuter de ses problèmes particuliers avec Akong Rinpoché ou d'autres lamas en visite à Samyé-Ling.

Côté action, les activités d'Akong Rinpoché prennent

plusieurs formes, qui ont toutes en commun de viser à la mise en pratique du principe de compassion. Partant de l'idée qu'une spiritualité bien comprise repose sur le souci du bien-être des autres, Akong Rinpoché estime que le spirituel a une contribution à apporter à la vie sociale contemporaine : celle de la compassion, au sens où elle a été définie plus haut. C'est pourquoi ses activités pratiques sont en quelque sorte les retombées concrètes de ce qu'il fait sur le plan spirituel. Il encourage d'ailleurs ceux qui travaillent avec lui à agir dans le même sens.

Les choses de la vie

Les activités d'Akong Rinpoché s'organisent autour de trois grands axes : l'activité thérapeutique, caritative et œcuménique.

1. Activité thérapeutique : en plus de l'enseignement de ses méthodes de thérapie et de leur suivi, en groupe et individuellement, Akong Rinpoché a mis sur pied une association de thérapeutes (le Tara Trust, à Édimbourg) qui vise à coordonner l'action des différentes disciplines thérapeutiques autour du principe de compassion. Il est également en train d'organiser une communauté thérapeutique qui offrira un lieu de vie et de réadaptation à la vie sociale — là où c'est possible — à d'ex-patients psychiatriques, entourés par des personnes « qualifiées » non seulement en termes professionnels, mais de par la démarche qu'eux-mêmes ont faite et continuent à faire, dans le sens des idées de compassion présentées ici. Il est intéressant de préciser que ce projet s'élabore en liaison étroite avec les instances médico-sociales régionales : un bon exemple de coordination entre le spirituel et la réalité sociale.

2. Activité caritative : par l'intermédiaire d'une association internationale, *Rokpa* (un aide, un ami en tibétain), au départ inspirée par la nécessité d'aider les réfugiés tibétains en Inde et ailleurs dans le monde, entre autres par des parrainages d'enfants, de vieillards ou de malades, mais

dont l'objectif est maintenant d'aider «toutes les personnes dans le besoin». Ce qui concrétise une prise de conscience de la détresse du «quart-monde»; c'est ainsi que Rokpa assure une soupe populaire pour les sans-abris à Glasgow et à Londres, et travaille actuellement à sa mise en place à Barcelone.

3. Activité œcuménique: pour promouvoir une meilleure compréhension réciproque entre les religions et favoriser une prise de conscience commune de ce que la spiritualité — qui est leur but à toutes, au-delà des différences de dogmes, de rituels et de techniques — peut apporter à une société contemporaine à la recherche de nouvelles valeurs.

C'est pourquoi Akong Rinpoché voulut marquer résolument l'orientation de Samyé-Ling par un geste à la fois symbolique et concret: l'organisation d'un symposium de réflexion œcuménique à l'occasion de l'inauguration du nouveau temple tibétain, le 8 août 1988. Geste symbolique: Samyé-Ling ne se veut pas un lieu «bouddhiste», même s'il est organisé par des bouddhistes (vous n'avez pas été sans remarquer tout au long du livre le sens que lui-même donne à ce mot). Akong Rinpoché tient à ce que ce centre qu'il anime soit et reste un lieu ouvert à quiconque veut profiter de ce cadre paisible pour trouver ou consolider une paix intérieure, quelles que soient ses idées ou ses croyances. Mais geste concret également: en invitant des représentants des principales grandes religions du monde à réfléchir en commun pendant trois jours sur un thème donné — la compassion, à cette occasion — et à publier les résultats de leurs échanges, on fait un vrai pas en avant dans l'œcuménisme. Pas dans la voie stérile d'un syncrétisme naïf, même s'il est bien intentionné, comme c'est souvent le cas de ces réunions; on ne cherche pas à gommer les différences, mais à les connaître et à les comprendre, pour cesser de se croire l'exclusif détenteur de La Vérité. Dès lors qu'on n'a plus à se battre sur des questions dérisoires de prééminence, on peut travailler ensemble à l'essentiel: ce que la dimension spirituelle peut apporter, concrètement, aux femmes et aux hommes de notre monde.

Les participants au symposium œcuménique trouvant que leur rencontre et leurs travaux les avaient inspirés et enrichis au-delà de leurs attentes, il fut décidé que la rencontre deviendrait annuelle et que le texte des contributions et interventions en serait systématiquement publié.

La méditation et l'action sont également les principes selon lesquels fonctionnent d'autres centres qui se sont constitués dans différents pays à l'initiative de personnes travaillant avec Akong Rinpoché et qui lui ont demandé d'en assurer la direction spirituelle. C'est notamment le cas du Centre d'études tibétaines de Bruxelles qui peut intéresser les Français dans la mesure où Akong Rinpoché y donne assez régulièrement des séminaires et Edie Irwin y anime des groupes de pratique de la thérapie (coordonnées dans les renseignements pratiques).

Une invitation à l'action

Ce portrait de dresseur de tigre devrait faire ressortir un point important : la connaissance de soi mène aux autres. Ce n'est pas un moyen de fuir la vie et ses responsabilités, mais d'y revenir avec les outils nécessaires pour y apporter sa petite contribution — chacun selon ses dons et ses aspirations particulières.

RENSEIGNEMENTS PRATIQUES

* SAMYÉ-LING : centre dirigé par Akong Rinpoché, en Écosse.

Samyé-Ling
ESKDALEMUIR
Dumfriesshire
SCOTLAND — G.B.

Tél : (19-44) 3873-73232

Vous pouvez téléphoner ou écrire pour recevoir programmes et informations.

* CENTRES D'ÉTUDES TIBÉTAINES : centre placé sous la direction spirituelle d'Akong Rinpoché.

33 Rue Capouillet,
1060 BRUXELLES
BELGIQUE

Tél : (19-32) 2-537-54-07

* ROKPA-FRANCE : Association visant à «aider toutes les personnes dans le besoin», et en particulier les réfugiés tibétains. Rokpa assure entre autres le parrainage d'enfants, vieillards et moines tibétains.
Pour tous renseignements :

ROKPA-FRANCE
11 Rue des Boulangers
75005 PARIS
Tél : (16-1) 43-54-14-32

* Questions :

Si vous avez des **questions concrètes** à poser sur la thérapie et les exercices vous pouvez écrire à :

— Edie Irwin, à l'adresse de Samyé-Ling.

Si vous vous posez des **questions plus générales** sur la démarche qui est présentée dans ce livre, ou des **questions personnelles**, mais que vous ne parliez pas l'anglais, vous pouvez écrire à :

Katia Holmes
c/o Éditions Sand,
6, Rue du Mail
75002 PARIS

qui s'efforcera de vous renseigner et vos questions personnelles seront transmises à Akong Rinpoché.

Si vous avez des questions personnelles à poser et que vous parlez anglais, vous pouvez écrire directement à :

— Akong Rinpoché, à l'adresse de Samyé-Ling.

Bibliographie en français:

Il n'y a rien qui touche directement à la thérapie dans le sens où l'entend Akong Rinpoché, mais ces quelques livres peuvent intéresser ceux qui souhaitent en savoir plus sur le bouddhisme tibétain.

Chögyam Trungpa, *Né au Tibet; Méditation et Action; Pratique de la voie tibétaine: Au-delà du matérialisme spirituel* (Seuil, Points Sagesse).

John Blofeld, *Le Bouddhisme tantrique du Tibet* (Seuil, Points Sagesse).

Milarépa, *Les Cent Mille chants de Milarépa* (Fayard, Trad. de M.J. Lamotte).

Jacques Bacot, *Le poète tibétain Milarépa* (Paris, 1925).

Katia Holmes
Paris, septembre 1989.

TABLE DES ILLUSTRATIONS

Remerciements aux Douzième Taï Situpa, auteur de toutes les calligraphies qui illustrent ce livre.

CALLIGRAPHIES/ILLUSTRATIONS DE TAI SITUPA

DESSINS A LA PLUME

PHOTO

TABLE DES MATIÈRES

DEUXIÈME PARTIE:

PRATIQUE DU DRESSAGE — LES EXERCICES

La photocomposition de cet ouvrage
a été réalisée par
GRAPHIC HAINAUT
59690 Vieux-Condé

Achevé d'imprimer
en mars 1995
par l'Imprimerie Carlo Descamps
59163 Condé-sur-l'Escaut
pour le compte des
Editions Sand
6, rue du Mail Paris 2e

D. L. 2-1991 - N° d'imprimeur : 183
N° d'éditeur : 969